KB096894

로컬에서 청년하다

Doing Youth in the Local

이 책은 2018년 대한민국 교육부와 한국연구재단의 지원을 받아 수행한 연구입니다. (과제번호: NRF-2018S1A3A2075237)

서강대학교 SSK(Social Science Korea) 지역재생연구팀은 2018년 9월부터 교육부(한국연구재단)의 지원으로 한국과 일본의 지역가치 창업과 지역재생을 연구하고 있습니다.

로컬에서 청년하다

Doing Youth in the Local

류석진
조희정
정현미

더가능연구소
THE POSSIBILITY LAB

목 차

지역 청년이
궁금하다

1.

2020년 2월 4일, 「청년기본법」이 제정되어 그해 8월 5일부터 시행되고 있다. 이 법은 '청년의 권리 및 책임과 국가와 지방자치단체의 청년에 대한 책무를 정하고 청년정책의 수립·조정 및 청년지원 등에 관한 기본적인 사항을 규정함을 목적으로 한다.'(제1조) 모든 법이 그러하듯이 문장은 평이해 보이지만 그 내용을 쉽게 이해하기는 어렵다.

쉽게 풀어서 말하자면, 이 법은 1) 청년이라는 '주체'를 위한 법, 2) 청년에 대한 정부의 책무에 관한 법이다. 우리 사회의 제도가 청년을 중요한 주체로 평가하게 된 의미가 있는 법이다. 법 시행부터 1

년 남짓이 지난 2021년 8월 현재, 지방자치단체(이하 지자체)들도 「청년기본법」에 제시되어 있는 목적을 수행하기 위해 저마다 청년 관련 조례를 제·개정하고 있다.

제도 수립을 기점으로 몇 가지 생각해볼 점이 있다.

첫째, 청년 제도 수립 과정이 매우 독특하다는 것이다. 다른 기본법 제정 과정과 달리 지자체마다 먼저 조례를 만들어놓은 상태에서 「청년기본법」이 제정되어 다시 이를 바탕으로 조례를 개정하거나 새로운 조례를 만드는 방식으로 제도 개선이 이루어지고 있다. 통상적으로는 법이 만들어진 후에 조례 제정이 이어지는데 청년 관련 제도는 기존의 제도 형성 과정의 틀을 깨는 방식으로 진행되었다.

둘째, 과정 자체의 독특함과 함께 생각해볼 수 있는 또 하나의 중요한 사항은 언제나 그렇듯이 법과 조례가 만들어진다고 모든 문제가 당장 해결되는 것은 아니라는 점이다. 실제로 제도가 정말 쓸모 있게 작동하기 위해서는 쉼 없는 모니터링이 필요하다. 즉 현장에서 제도가 어떻게 운용되고 있는지를 계속 눈여겨보아야 한다.

청년 관련 제도들이 청년의 요구를 충실히 담고 있는지, 조례를 만드는 과정에 청년이 얼마나 많이 참여하고 있는지, 우리 사회의 청년이 직면하고 있는 이생망('이번 생은 망했어') 현실을 개선할 수 있는 알찬 항목들이 제도에 제대로 담기는지도 지켜보아야 한다.

셋째, 결과만 놓고 보면 갑자기 정부나 제도가 청년을 귀하게 여기기 시작한 것처럼 보이지만 이런 결과가 나오기까지 수많은 청년 당사자들의 다양한 활동과 지속적인 요구가 있었다. 「청년기본법」 제정을 요구하며 서명한 청년 수만 해도 1만 명 이상이다. 이제 청년들은 법 제정뿐만 아니라 법이 제대로 시행되고 자신들이 사는 지역에서 더 효력 있는 조례들이 제정되기를 원한다. 지역 특성을 적극적으로 반영한 제도를 원한다.

2.

지역*에는 많은 청년이 살고 있다. 최근에는 지역으로 가는 청년의 수도 늘고 있다. 물론 과거에 비해 지역에 거주하는 청년의 숫자가 매우 적은 것은 사실이다. "지역에 청년이 '존재하는 것' 자체가 기적이다"라는 자조적인 평가는 마음 아픈, 이 땅의 청년 현실을 말해준다. 그럼에도 적자생존 논리가 시퍼런 대도시로 향하는 수많은 청년의 발길을 멈출 수 있는 방법은 없는 것처럼 보인다.

과거에 청년은 나라의 경제를 일으켜 세우는 산업 역군이었다. 시대를 앞서가는 희망이자 길을 밝히는 등불이었다. 현실에 안주하는 기성세대에게 쓴소리를 외치는 도전자였고, 지금보다 더 빈곤했지만 그것을 부끄러워하지도 않았다. 청년들에게는 보다 나은 미래를 위해 현재의 어려움을 극복하려는 당당한 패기가 있었다.

물론 '라떼는' 논리에 기반하여 그 시대의 청년이 모두 옳았다

---

*책 제목과 달리 본문에서는 '로컬'을 '지역'이라고 표현했다. 책 제목에서 지역이라고 표현하면 행정구역으로만 오해할 것 같았기 때문이다.

거나 이 시대의 청년들은 왜 그런 패기가 없냐는 질타를 하려는 것은 절대 아니다. 다만 과거의 어느 한 시대에는 청년이 주체적으로 사회를 뒤흔드는 장면도 있었다는 것을 새삼 환기해보는 것이다.

현재 우리 사회는 청년이라는 존재 자체에 대한 언급이나 관심도 별로 없거니와, 청년은 유약하고 결국 사회에 부담되는 골치 아픈 존재라고 취급한다. 최근에 청년 정치인 등이 늘어나면서 청년에 관심이 급증하는 것처럼 보이지만 '청년의 삶'에 대한 관심이 늘어난 것이라기보다는 정치적 프레임을 강화하기 위한 하나의 도구적인 대상으로 청년을 언급하는 경향도 있다.

한편에서는 지역에 청년 자체가 없다고 난리다. 자기 자손은 대도시에 나가서 출세하였고, 지역에 그대로 남아 있는 다른 청년들은 무능하다는 폄하도 이제는 더 이상 이상하게 들리지 않을 정도이다.

어느 집 몇 대 손이 명문대에 진학한 것을 축하하는 플래카드는 여전히 지역에서는 익숙한 풍경이다. 그러나 다른 한편에서는 지역 소멸, 인구 소멸, 저출산·고령화라는 말이 유행처럼 번져나가며 어두운 지역 현실을 알리고 있다.

이러한 진퇴양난의 현실 속 어디에서 청년의 의미 있는 삶에 대한 해답을 논의해야 할지 답답한 상황만 악화되고 있다.

3.

이 책을 쓴 우리는 사회과학 연구자와 중간지원조직 활동가들이다. 우리는 청년의 현실이 어떤 식으로든 개선되기를 바라며 이 책을 썼다. 제도적으로 좋은 법과 조례이든, 경제적 풍요로움이든, 사회적으로 역동적인 공동체든 개선 방법은 여러 가지가 있을 수 있다.

그 가운데 청년 현실을 개선하기 위한 첫걸음은 현장의 현실을 여과 없이 투명하게 보여주는 것에서 시작되어야 할 것이다. 제3자가 그 현실을 관찰하여 기록하고 연구하는 것도 중요하지만 우선 당사자의 목소리를 생생하게 들어보는 것이 중요하다. 그래서 전국의 청년들을 만나러 다녔다.

「청년기본법」이 시행된 지 1년여가 지난 지금, 법 효과가 청년에게 미치고 있는지, 법이 만들어지기까지 지역 현장에서 청년들은 무엇을 고민하며 어떤 경험을 하고 있었는지, 그래서 앞으로의 과제로 어떤 질문을 던지고 있는지. 이런 의문을 품고 마치 미지의 세계로 여행을 떠나는 것처럼 지역 청년을 만났다. 최대한 당사자의 이야기를 듣고 재구성하여 현실을 알리는 데 주력하면서, 청년의 미래를 위한 제도 개선에 소중한 현장 자료가 되길 바라며 이 책을 썼다.

책 제목의 '청년하다'는 포괄적인 내용을 포함한 표현이다. 즉 청년은 누구이고, 무엇을 생각하며, 무엇을 하고 싶어하고, 무엇에 좌절하고 힘들어하는지 그리고 청년이 모여 할 수 있는 활동의 범위는 어디까지이고, 사회는 이를 위해 어떤 환경과 제도를 제공해야 하

는지에 대한 고민을 함축한 표현이다. 시대마다 바라는 '청년다움'
은 용기와 도전이었을지 모르지만 이제는 청년다움이 존재하기 전
에 '청년하기'도 힘든 것이 현실이라는 비판적인 문제의식을 반영한
표현이기도 하다.

그래서 이 책에서는 청년하다의 거점이 되는 '지역', 청년하다를
구체적으로 표현한 '커뮤니티' 활동, 청년하다가 가능해질 수 있도
록 뒷받침하는 '제도' 등 3개의 키워드를 중심으로 현장의 이야기를
듣고 해설하여 더 나은 청년하다를 전망할 수 있는 밑자료를 제공
하고자 하였다.

제1부

지역,
청년의 출입구

청년에게 지역은 벗어나고 싶은 곳, 가보고 싶은 곳, 지키고 싶은 곳 혹은 이 모든 생각이 뭉뚱그려진 애매한 곳일 수 있다. 누군가에게는 그저 지도 위에 한 점으로 표현되는 어떤 곳에 불과할 수도 있고, 누군가에게는 지역 자체가 자신의 삶의 전부인 곳일 수 있으며, 누군가에게는 어디든 좋은 곳으로 여겨질 수도 있다.

사회적 편견 속에서는 행정단위, 비수도권, 지방 등으로 표현되지만 개개인이 생각하는 지역의 이미지는 매우 다양할 수 있다는 의미이다.* 이런 다양성 속에서 청년들은 각자의 생각에 따라 (자의든 타의든) 행동 방향과 범위를 선택한다. 지역을 떠나 대도시로 가거나 또 다른 지역으로 가거나 아니면 태어난 곳에 계속 머물게 된다.

이주와 정주가 자유로운 시대이니 이런 흐름이 별다르게 느껴지지 않을 수 있다. 그러나 때로는 이주했다는 것만으로도 관심을 받거나 그냥 살고 있다는 것만으로도 차별적으로 평가되는 상황도 발생한다. 최근에 특히 그런 새로운 시선들이 더 많아지고 있다.

---

*대한민국 헌법에 지역에 대한 논의는 단 한 번 나오는데, "제123조 ② 국가는 지역 간의 균형 있는 발전을 위하여 지역경제를 육성할 의무를 진다"는 것이다(참고로 헌법 130조 전체에서 지역에 관한 언급은 제123조가 유일하다).

죄다 소멸될 비극적 결말이 예정되어 있는 것 같은 지역에 가서 창업을 하거나 생판 모르는 지역에 가서 문화 활동을 하거나 지역에 계속 그대로 살면서 기성세대와 다른 삶의 방식을 노력하는 청년이 생기고 있다.

청년이 움직이는 것은 시대 가치에 대한 반응과 같다. 그것은 창업과 같은 물질적 반응일 수도 있고, 이주와 같은 목적적 반응일 수도 있다. 지역 내에서의 변치 않는 행태에 대한 심리적 저항감도 하나의 반응이라고 할 수 있다. 청년의 반응이 이렇게 다각적으로 진행되면서 지역으로의 이주와 지역에서의 정주 구조의 역동성을 만든다.

과연 청년이 지역을 택한 이유는 무엇일까. 한 지역 안에서 각기 다른 이유로 살고 있는 청년들은 서로에 대해 어떻게 생각하고 있을까. 이러한 의문의 답을 지역을 나가는 청년, 지역으로 들어오는 청년, 지역에 있는 청년으로부터 들어보았다.

지역을 나가는 청년

지역을 떠나는 이유는 자의도 있고 타의도 있다. 다른 사람들이 지역에 있으면 패배자로 보는 것 같아서 떠나고, 대도시에 가는 것 자체가 인생의 성공 같아서 떠나고, 매일 같은 모습으로 지역의 삶을 반복하는 것이 답답해서 떠난다.

지역에 사는 청년이라면 누구나 한번쯤은, 특히 진학이나 취직을 결정하는 시점이 되면 지역에 머물까, 아니면 다른 곳으로 떠날까를 고민하게 된다. 그 선택의 과정에서 지역의 경제적·심리적·문화적 상황이 나쁘다고 생각할수록 자발적인 이유보다는 외부적인 이유 때문에 떠나는 경우가 많아질 것이다.

"출신지와 출신 학교를 너무 따지는 고향의 분위기가 답답했다. 출신 초등학교까지 확인하려고 물어올 때에는 질리기도 했다. 그런 분위기에서는 상하 관계가 너무 강하기 때문에 자유롭게 일하기 어렵다. 그래서 다른 지역으로 왔다."

"지역에 청년이 있다는 것을 알리고 싶은데, 결과적으로 '그 지역 출신'이어야만 한다는 조건이 먼저인 것 같다. 면전에서 '타지에서 온 사람'이라는 표현을 대놓고 하는 것을 많이 경험했다."

"지역에서는 학연·혈연·지연이 중요한데, 특히 지연 정도를 많이 따지는 것 같다. 그런 것을 없애고 싶어서 청년활동을 하는 건데 지금 우리 세대도 여전히 그렇게 하고 있고 나이 들어서도 지금의 상황과 똑같이 될 것만 같아서 기분이 씁쓸하다."

흔히 취업이나 진학 때문에 지역을 떠난다는 것이 통설이지만 어느 정도 사회생활을 한 30대 청년들에게는 그런 이유만 있는 것이 아니다. 속사정을 자세히 들여다보면 문화적·심리적 요인이 청년을 밀어내는 부분도 있다.

은연중에 기성세대의 깊고 공고한 편견이 지역사회의 갑갑한 문화를 형성하고 그걸 못 견뎌하는 과정에서 변화를 도모하며 지역 밖으로 가는 경우도 많다. 스스로 하고 싶은데 스스로 할 수 있는 자율성을 옥죄는 구조가 여전히 공고한 것도 갑갑함을 느끼는 이유 중에 하나이다.

물론 개방적인 지역도 있고, 폐쇄적인 지역도 있다. 그러나 언제나 청년에게 오래된 관습과 문화만 따르라고 하는 말이 이제는 설득력이 없어지고 있다. 왜 그래야 하는지를 설명하지 못하면 납득하지 못한 청년들은 결국 지역을 떠나고 말 것이다.

지역으로 들어오는 청년

지역으로 들어오는 청년은 두 종류이다. 지역에서 진학이나 취업을 위해 나갔다가 다시 고향으로 오는 경우(U턴)와 외지에서 고향이 아닌 다른 지역으로 들어오는 경우(J턴)이다. 당연히 U턴한 청년이나 J턴한 청년이나 나름의 사연이 있다.

"많은 청년이 대학 진학 때문에 지역으로 온다. 와서 나처럼 눌러 앉게 된다. 계속 소통하며 인적 네트워크가 쌓이다 보니 다른 곳에 가서 그런 네트워크를 새롭게 또 만들어야 하는 것은 부담스럽게 느껴진다."

"서울에는 내가 하고 싶은 활동을 자유롭게 할 수 있는 공간이 충분하지 않다. 그래서 공간을 찾아 서울 외 지역을 찾게 되었다."

공식적인 통계에서는 청년이 지역을 들고 나는 규모와 이유를 명확히 파악하기 어렵다. 숫자 이면의 의미를 분석하고 해석해야 한다. 한편으로는 지속적으로 청년 관련 통계가 더 많아져야 더 정확한 정책을 만들 수 있기도 하다.

"시 인구 28만 명 중에 7만 명 정도가 청년이다. 그 가운데 타지에서 온 청년이 절반이고 타지로 가는 청년이 절반인데 겉으로 드러난 7만 명이라는 숫자에는 그런 자세한 특징이 잘 보이지 않는다."

"이 지역에 이주하는 청년들은 니즈(needs)가 확실하다. 대부분 과학단지나 산업단지에 취업하려고 타 지역의 청년들이 오는 경우가 대부분이고, 두 번째는 대학 때문에 이 지역을 거쳐가는 청년들이다.
귀농 청년이 많은 것도 아니고 대도시 생활을 정리하고 오기에는 그렇게 메리트가 강한 도시는 아니기 때문에 확실한 목적을 갖고 오는 경우가 많다. 한편 인근 지역의 주거비보다 싸서 오는 경우도 있다. 그러나 그들이 이 지역에 왔을 때 필요한 서비스는 구축되어 있지 않다."

지역으로 이주한다고 새롭고 의미 있는 삶이 자연스럽게 보장되는 것은 아니다. 오래전에 유행하던 '타향살이'라는 표현처럼 고립무원의 외지에서 또래를 만나고 낯선 사람들과 어울려 새로운 일을 도모한다는 것은 ― 같은 나라 안에 사는 것이지만 ― 거의 '맨땅에 헤딩'하는 척박한 과정을 거칠 수밖에 없다.

"처음에는 고향과 다른 색다른 분위기를 느낄 수 있어서 좋
았다. 개방적이라고 느껴지기도 했다. 그런데 좀 더 지내보니
그게 아니었다. 역시 어디나 자기 영역을 외지인이 침범하는 느
낌을 받기 시작하면 방어적이고 공격적이 되는 것 같다. 처음
에는 새로운 지역을 신선하다고 느낄 수 있지만 결론은 언제
나 같게 귀결된다. 어느 지역이나 텃세는 있는 것이다. 늘 그런
과정이 반복된다."

시공간을 넘나드는 정보사회가 되었고, 언제든 이동이 자유로
운 개방사회가 되었다고 해도 관광객으로 스치듯 지역에 가는 것과
지역에서 '산다'는 것의 무게감은 질적으로 다르다. 놀러 왔다고 하
면 유쾌하게 환대해주지만 살러 왔다고 하면 대하는 눈빛이 달라지
더라는 말은 낯선 곳에 이주한 경험이 있는 사람이라면 누구나 충분
히 공감할 만하다.

지역 자체가 똘똘 뭉쳐서 외지인을 경계하고 밀어낸다는 의미
가 아니다. 대도시의 익명성과 달리 실명과 관습이 상대적으로 강조
되는 지역에서는 외지인의 출현 자체가 긴장 요소가 되는 것이 당연
하다. 그래서 지역으로 이주하는 청년들은 좀 더 신중하게 지역에 접
근할 필요가 있다.

한편 고향이 아닌 타지로 J턴한 청년들은 (일종의 터줏대감처럼)

고향으로 U턴한 청년에 대해 다소 비판적인 시각을 내비치기도 했다. U턴한 청년은 고향 프리미엄을 갖고 있어 치열하게 살지 않는 것 같다는 것이다. 그러나 한편으로는 프리미엄이 있는 것과 그것을 이용하는가 안 하는가, 어떻게 이용하는가, 프리미엄이 있다고 반드시 의존적인가라는 반문도 가능하다.

"2021년부터 단체가 독자적으로 지원할 수 있는 사업보다 시나 도를 통해서 지원하는 방식의 공모사업이 많아졌다. 그래서 시에 중앙정부가 진행하는 3개의 공모사업에 지원하고 싶다고 지원서를 냈는데 왜 3개를 냈냐고 난리가 났다. 우리 입장에서는 어떤 지원서가 선정될지 모르기 때문에 각기 다른 성격의 사업에 지원한 것뿐이었다.

시 담당자는 우리 단체의 성격과 활동 내용을 아주 잘 알고 있는 분이었다. 그 사이에 다른 중앙부처의 사업공모가 나와서 지원서를 또 내려고 했더니 그 담당자가 이러면 안 된다고 만류했다. 결과적으로 우리는 지원서를 한 사업에만 내야 했다. 그 담당자는 주민들이 왜 타 지역 청년들을 지원해주냐고 비난할 것을 염려했던 것 같다."

"U턴한 청년들은 J턴한 우리들보다 상대적으로 지역에 빨리 자리 잡는 것 같다. 그중에는 오래 못 가는 청년도 있다. 자리 잡는 것처럼 보이지만 이내 실력이 드러나면 오래가지 못하고 조용히 사라지기도 한다. 자리 잡는 과정에서 어른들의 도움에만 의존했다면 오래가기 어렵다.

반면 J턴한 청년의 어려움은 뭘 시도할 수 있는 기회조차 얻기 힘들다는 것이다. 공정하게 서류를 제출해도 막상 들려오는 이야기는 '서류는 좋은데 아쉽다'는 이야기다. 결과를 보면 지역 청년이 채택되는 경우를 몇 번이나 경험했다."

"어떤 지원을 받기 위해 준비를 많이 해서 가져가면 담당 공무원이 매우 까다롭게 군다. 일일이 규칙을 따지고 보이지 않는 위험성까지 나열하면서 어렵다, 고민해봐야 한다고 말한다. 그런데 지역 출신 청년이나 그 청년의 아버지와 담당 공무원이 아는 사이면 그냥 통과된다. 이런 경험을 몇 번이나 했다.

이런 문제는 서류로 명확하게 드러나는 것도 아니라서 공식적으로 이의 제기를 하기도 어렵고, 그런 이의를 제기해봐야 지역에서 골칫거리로 취급당할까 봐 그냥 참으면서 속 쓰린 채 넘어가버린다."

"근처 지역에 U턴한 청년 그룹이 새로 등장했다. 이들은 어른들에게도 잘했다. 어느 날 보니 지역 문화예술 분야에서는 자기들이 최고라고 떠들고 다녔다. 실제로는 2년 정도 활동한 단체였을 뿐이다. 시에서도 이들이 너무 나서니까 그전에 어느 지역에서 활동했는지 그곳에서는 어땠는지 따로 알아볼 정도였다.

사업도 받아왔다. 상가 거리 활성화를 위해 매달 거리 축제를 하는 사업을 딴 것이다…. 지금은 서로 욕하고 다닌다. 자신들이 자리 잡기 위해서 여기저기 사람들을 만났을지 모른다. 그에 부응하는 실력을 갖추고 있지 못했기 때문에 그런 상황이 된 게 아닐까 하는 생각도 든다."

반면 이러한 평가에 대해 U턴한 청년은 지연과 학연을 통해 안 될 일도 부드럽게 풀 수 있고 J턴한 청년들도 고향에 가면 그런 프리미엄을 가질 수 있는 것 아니냐고 반문할 수도 있다. 이주 청년이든 토착 청년이든 낯설음보다 환대나 주목을 받으며 안착하는 경우도 당연히 있다.

"워낙 뭐가 없는 지역이라서 주민들이 이주자에 대한 반감이 없는 편이다. 뭐라도 하면 좀 나아지지 않을까 하는 반응도 있는 것 같다."

"고향 외의 지역으로 왔는데 그전에 관심 있는 교육프로그램에서 만난 교수님이 다른 좋은 지역을 추천해주셨기 때문이다. 고향과 달리 개방감을 느꼈다."

"(U턴하여) 지역에서 청년활동을 하고 싶어서 살러 왔다고 했더니 지역에서 시민사회운동을 하고 계신 분들이 너무 좋다고 하시면서 많이 도와주셨다. 후원금도 내주시고 차도 빌려주셨다."

"조례 내용을 설명하기 위해 시의회 의장님을 만났다. 의장님이 처음 만난 자리에서 '중학교 어디 나왔니?'라고 물어보길래 이 지역 어디 중학교 나왔다고 하니까 그때 동석한 일자리정책과 과장님이 '어? 나 거기 몇 회 졸업생인데.' 하면서 이야기가 더 잘 풀리기 시작했다."

또한 U턴한 청년의 입장에서도 U턴은 쉬운 결정이 아니기 때문에 나름의 할 말이 있을 수 있다. "나는 고향으로 돌아오기까지 큰 결심을 하고 온 것이지 결코 부모가 살고 있는 곳이라는 이유로 그저 온 것이 아니다"라고 말할 수도 있다.

"인구가 적어 어디에 가도 사람을 반복해서 마주치는 폐쇄적인 곳에서는 (어쩔 수 없이) 내가 어떻게 지역사회에 스며들 수 있을까가 가장 중요한 첫 번째 숙제가 될 수밖에 없는 것 같다. 반대로 내가 지역사회를 바꾸겠다고 생각하는 순간 여기는 감옥이 된다.

지역의 아는 어른이 충고했던 것은 여기 살려면 신뢰 관계를 형성해야 한다는 것이었다. 기존 주민, 기득권이라고 하는 기성세대, 오피니언 리더 이런 사람들이 대부분의 의사 결정을 하는데 어쨌든 그 사람들과 신뢰 관계를 형성해야 한다는 취지의 이야기였다.

그 얘기는 결국 내가 여기에 맞춰서 살아야만 한다는 의미처럼 느껴졌다. 그래도 나 같으면 지역에서 막 시작해보려고 하는 자신의 후배에게 (그렇게 의무를 강조하기보다는) '내가 너의 뒷배가 되어줄게, 뭐라도 해봐'라며 독려하지 않았을까 하는 철없는 생각도 해봤다.

나로서는 바꿔야 될 게 눈에 너무 많이 보이는데, 이미 진행되고 있는 것에 대해 따박따박 문제 제기를 하지 않고 넘어갈 수 있어야 한다는 것이다. 여기서는 잘못된 것을 알더라도 발언하지 않으니까. 눈앞에서 성희롱성 발언을 하는 중간관리자가 있는데, 여성 직원들이 다 알고 다 싫어하는데도 아무도 이야기하지 않는다. 그런데 내가 문제 제기를 하면 그 사람들한테 잠깐 사이다는 될 수 있지만 큰 효과는 없다.

여기에서 청년활동을 5~6년 동안 해온 친구들이 있다. 일상의 사소한 것들에 대해 계속 이의 제기를 했는데 결국에는 지역사회 안에서 너무 불편한 집단이 되어버렸다. 이들이 하는 어떤 말도 신뢰하지 않는 분위기가 형성되어버렸다. 이런 모습을 보면 잘 대화한다는 것은 무엇인지 고민이 된다. 지역사회에 스며들면서 구성원이 되어가는 과정은 정말 어렵다.

관계를 끊고 내 일만 잘하고 내 사업만 잘하면 되지 하는 사람들도 되게 많다. 그런 사람들은 온라인에서 판로를 찾거나 도시로 나가 살면서 여기로 출퇴근하는 식으로 산다. 다시 나가버린 사람도 많다.

어쩔 수 없이 그 지역을 먼저 이해하고 먼저 받아들이는 수밖에 없는 것 같다. 생각해보니 이건 진리인 것 같다. 지역에 와서 보니 지역하고 싸울 수도 없고 싸울 이유도 없다는 식으로 가치관이 바뀌었다. 지역에 살려면 지역에 적응해야 하고, 맞지 않으면 떠나야 한다. 그런 식으로 가치관이 바뀌는 것이다."

"우리를 지지해주는 어른도 많지만 호칭 문화도 그렇고 가치관 차이 때문에 충돌하는 면도 많다. 사실 토박이 어른과는 마주할 일이 많지 않기 때문에 싸울 일도 별로 없다. 너무 권력 차이가 커서 싸움이 성립되지 않는다. 서로 대등하게 의사 결정을 할 수 있는 급이 안 되는 것이다."

어느 한쪽의 입장이 언제나 옳은 것은 아니다. 다만 J턴한 청년과 U턴한 청년의 인식에 이런 간극이 존재하는데 이를 어떻게 잘 소통하며 극복해야 하는가 하는 문제가 남는 것이다.

지역의 모두와 평화로운 관계를 유지한다는 것은 현실적으로 불가능하지만 길게 보면 지역에서 공존해야 하는데 이러한 갈등 요인을 어떻게 현명하게 풀어나갈 수 있을까에 대해서도 생각해볼 필요가 있다.

매번 어느 경로를 통해 지역에 왔는가를 확인해야 할 이유는 어디에서 비롯했을까. 이주자는 지역에 오래 있지 않을 것이라거나 지역에 대한 책임감이 적다는 인식이 매우 강하게 작동하는 까닭도 있는 듯하다.

"내가 빨리 자리를 잡아야지 하는 초조함이 없었으면 좋겠다. 지역에 다양한 청년들이 있는데 노력하면 된다는 생각만으로는 어렵다. 서울은 기회라도 많지 여기는 걸림돌이 더 많다. 여기는 기회를 한 번 박탈당하면 끝이다. 다음에 다시 기회가 주어지지 않는다.

한번 실력이 없다는 게 드러나면 그다음은 없다. 지역이니까 입소문이 빠르다. 조급해하면서 큰 액수의 사업을 받아 당장 성과를 내고 싶어하기보다는 적은 액수더라도 규모 있게 운영하는 경험을 착실하게 쌓아야 한다."

"이주한 청년들은 초반에 열의를 가지고 이것저것 막 나서지 않아야 한다. 일단 분위기 파악도 하고, 자기 나름의 작은 것들을 하면서 내가 이 지역에서 어떻게 살아남을지 계획도 세우고 그래야 한다.

그런데 타지에서 왔기 때문에 자리를 잡아야 한다는 강박에 사로잡혀서 어른들이 소개해주는 것을 그 어른들이 하라는 대로 하다 보면 어느 순간 자기는 사라지게 된다. 그러고 나서 나중에 상처받았다고 말한다. 어른들이 자신을 팽했다고. 그거는 아닌 것 같다.

작은 활동에서 시작해서 커나가는 게 바람직한데 그런 태도보다는 지역에 오자마자 청년정책위원회에 넣어달라고 하고 청년정책네트워크*의 대표를 시켜달라는 식으로 단체의 직책을 성급히 맡으려고 하는 청년이 대부분이다. 나는 외지인이니까 오랫동안 실력을 증명해야 되지만 고향이 이곳인 U턴한 청년들은 그런 네트워크에 쉽게 들어가기도 한다."

"프로젝트를 진행하면서 지역 청년들을 많이 모았다. 그 가운데에는 부모의 대출로 가게를 차리고 열심히 살지 않는 청년들도 있었는데 이들은 조금만 지치면 (우리가 추진하는 프로젝트에서) 쉽게 이탈했다.

그렇다면 군이 억지로 청년을 찾아서 조직하기보다는 활동하면서 자연스럽게 만나는 청년들과 기회가 되면 프로젝트를 해보고 마음이 잘 맞으면 계속 같이하는 방식으로 자연스럽게 가는 게 좋겠다는 식으로 마음이 바뀌었다."

"낯선 지역에 이주하거나 정착하려는 타지 청년이 지역에서

---

* 청년정책위원회나 청년정책네트워크는 각 지자체에서 청년 당사자를 중심으로 의견을 수렴하기 위해 운영하는 심의기구와 참여기구이다.

살아남으려면 우선 생활비 걱정을 하지 않는 상황이 되어야 한다. 그래서 주거사업에 관심을 갖게 되었다. 그리고 다른 지역에서 뭔가를 시작한다는 것은 인생을 다시 시작한다는 개념으로 약간은 나 죽었다, 죽어보자 이런 결연한 심리가 조금 필요하다. 그렇다고 너무 초조해서도 안 된다.

생활비가 필요해서 당장 어쩔 수 없이 원하지 않는 분야에서 일하고 있을지라도 그 일을 하면서 동시에 내가 하고 싶은 일을 놓지 않는 악착같음이 필요하다. 그때 도와주는 사람이 있다면 정말 고마운 일이 된다. 나는 그런 생각으로 청년들에게 도움을 주고 싶다."

완전한 해답은 될 수 없지만 단기간의 이주 성과 욕심을 조금은 늦추고 지역에서의 만남을 확대해야 한다는 의견도 있었다. 세상 편한 조언일 뿐 결국 그런 방식은 공고한 지역 네트워크에 의존하는 것이라고 비판할 수 있을지 모르지만 어쨌든 '공존의 이유'를 적극적으로 모색하지 않으면 지역에서의 청년 공동체 형성은 어렵다.

"싫고 귀찮아도 지역 주민들을 많이 만나고 다니는 게 나중에 큰 도움이 된다. 사람과 교류하면 정보와 경험 면에서 큰 도움이 된다. 그런데 그 자체를 어려워하는 것 같다. 스스로 먼저 폭넓은 네트워크를 만드는 것이 결론적으로 플러스이다."

"작은 동네에 정착하려면 지역마다 반드시 있는 마당발인 분들을 만나서 도움을 청하고 관계를 트는 것이 정말 중요하다. 그러면 일이 쉽게 풀리는 것 같다. 좋은 방법인지는 모르겠지만."

거래보다는 환대가 필요하다는 의견도 있었다. 인간관계의 형성은 조건부 거래 관계보다 호의와 그에 반응하는 공감으로 형성된다고 보는 것이다. 일방적으로 환대해달라는 것이 아니라 일방적으로 (이주자에게) 조건과 의무를 제시하지 말고 가능성과 자유로움에 여지를 허용하면서 천천히 관계를 형성해달라는 지적이다.

"처음에 여기 살아봐도 괜찮겠다고 생각한 계기는 먼저 귀촌한 세대들이 십시일반 돈을 모아서 매월 청년에게 50만 원씩 지원해준 청년활력기금사업 때문이었다. 일 년에 총 600만 원을 받으면서 많은 것을 느꼈다. 먹고 살기 힘든 청년에 대해 책무감을 느끼는 세대가 있으니 이 지역에 살아도 괜찮겠다고 느끼게 되었다. '이런 게 환대구나'라는 생각을 했다….

제일 중요한 것은 조건이 없어야 한다는 것이다. 지자체들이 농어촌으로 돌아오는 청년에게 지원하며 내거는 전제 조건은 전입신고를 하라는 것이다. 그런데 그런 지원사업을 담당하는 공무원조차 그 지역에 살고 있지 않은 경우가 많다.

인구 유입을 위한 거래 조건만 있고 환대는 없다. 조건이 붙는 순간 지원받은 사람은 지원하는 기관에 잘 보여야 하고 성과를 내야 하고 그러면서 일이 재미없게 되어버린다. 뭔가 틀어지면 떠나야겠다는 생각만 남게 되는 것이다. 그러나 그런 거래 조건이 없으면 틀어질 일도 없고 감사한 마음으로 살 수 있다."

지역에 있는 청년

나고 드는 청년과 달리 지역을 지키는 청년, 지역 토박이 청년
도 있다. 청년의 이동 흐름에만 주목하다 보니 묵묵히 지역에서 지
내온 청년들에게는 쉽게 무심해진다. 늘 그 자리에 있는 나무와 같
은 존재이겠거니 하고 쉽게 치부해버린다. 토박이 청년들은 정부의
지원금이 이주 청년에게만 쏠리고 오랫동안 지역을 지켜온 청년에 대
해서는 외면하고 있다고 비판한다.

"지역 청년들은 이곳에서 태어나서 지금까지 계속 살고 있다
는 사실을 부끄러워한다. 출세하지 못한 인생이라는 이미지에
대한 자격지심이 있다… 그런 경향이 다른 곳보다 좀 심한 것
같다."

"지역 창업은 연고가 없는 경우는 많지 않고 부모님 자원을
활용하는 경우가 대부분이다. 농사를 물려받는다거나 물려받
은 건물에서 카페를 운영하는 식으로 생활한다. 서울에서 살
다가 이곳에 내려와서 서점을 하는 경우에는 시즌별로 두 달

정도 운영하다가 다시 서울 갔다가 다시 내려와서 두 달 정도 운영하기도 한다. 이 지역의 기본 산업은 관광과 농업이라서 관광 관련 창업을 하는 팀들도 있다. 음식점도 있고, 떡 만드는 곳도 있다. 그런데 무엇이 되었든 부모님 기반이 있지 않으면 정착하기 쉽지 않은 것 같다."

"(U턴한 청년 입장에서 보면) 그 지역에서만 계속 살았던 친구들은 꼭 필요하더라도 행정기관이나 기성세대에 반발할 수 있다는 식의 생각을 하기 어렵다."

"토박이 청년들은 마을 커뮤니티 공간에 잘 등장하지 않는다. 대부분 관광 지역에서 부모님과 같이 지내면서 가업을 물려받는다. 반면 이주자로서 지역에 오는 청년들은 지역에서 사회 활동을 하고 싶다는 특징이 있다는 점에서 토박이 청년과 결이 다르다."

지역에서 오랫동안 살아온 청년들이 외롭다고 말하는 것을 자주 들었다. 또래를 만나기 어려운 것이다. 그런데 갑자기 지역이 주목받는 사회 분위기가 되고, 외지에서 들어온 사람들이 화려한 공간을 만들고 정부사업을 받았다는 식의 거창한 모습을 보여주면 반가움보다는 위화감이 먼저 들 수도 있다. 친구를 만난 것이 아니라 친구가 될지 안 될지 모르는 사람을 구경하는 자기 자신을 느낄 수도 있는 것이다.

"토박이 청년도 부모님에게 땅이든 사업이든 물려받았을 뿐이지 그렇게 행복해지지 않는다. 어쩔 수 없는 선택으로 한 것이기 때문이다. 매번 만나면 뭐 재미있는 거 없냐고 내게 물어온다. 타지에서 온 친구들은 하고 싶은 것은 많은데 기회가 주어지지 않고 토박이 청년은 하고 싶은 게 딱히 명확하지 않은 그런 차이가 있는 것 같다."

"나는 외지인으로서 이 지역에서 창업했는데 우리 공간에 지역 토박이 청년이 자주 방문하여 사는 이야기를 하곤 한다. 자신이 겪는 문제와 지역의 문제에 대해 이야기를 나눌 사람이 없어서이다."

"학교 교수님 두세 분의 영향을 많이 받았다. 복지 분야의 공부를 시작할 때는 중고등학교도 졸업하지 못한 청소년 쪽에 관심이 있었다. 그런데 출발선은 그 친구들이나 나나 다 똑같았던 것 같다. 부모를 비롯해 어떤 사람에게 영향을 받느냐에 따라 길이 달라진다는 생각이 들었다.

그런 고민 속에서 복학하니 학교 생활이 너무 힘들었다. 기본적으로 드는 비용과 학자금대출이 점점 늘었다…. 계속 빚을 내서 공부해야 하는 시스템이나 나의 기본적인 권리들에 대해 고민했다.

교수님들은 나의 고민을 듣고 실천하는 사람, 이슈를 만들어가는 사람이 되면 좋겠다고 말씀해주셨다. 그리고 지역 NGO에서 활동하는 선배들을 찾아가서 상담해보라고 권유해주셨다. 그렇게 이 분야에 진입했다."

누군가에게는 새로움이 도전이고 행복일 수 있지만 누군가에게는 압박이고 스트레스일 수도 있다. 특히 요즘처럼 지역의 모습이 급격히 바뀌는 경향이 하나의 유행처럼 확산될 때에는 더더욱 그럴 가능성이 높아진다. 청년 창업이 지역공동체로 연결될 수 있는 가능성에 대해 진지하게 고민해야 할 지점이 바로 이런 부분이다.

"지역 창업만으로 쏠리는 현상은 좀 당혹스럽다. 반드시 그런 방식으로만 살아야 하는지도 의문이다."

"지역에 살면 힙한 모양으로 살아야만 하는 것 같은 분위기가 되어 부담스럽다."

제2부

지역,
청년활동의 거점

제1부에서 정리했듯이 지역에 들고 나는 그리고 지역에서 살면서 청년들이 하게 되는 경험에는 다양한 속사정이 있다. 그럼에도 토박이 청년이든 이주 청년이든 지역을 활동의 거점이라고 생각한다. 그러나 지역이 이주의 목적지이든 계속 살던 삶터이든 그 안에서 청년들은 또래 친구들을 만나기 힘들다며 외로움을 호소하기도 한다.

단지 인구 감소와 고령화가 진행된다는 사회경제적 환경이 아니라 복합적인 심리적·(인간)관계적 환경 속에서 청년이 마주하게 되는 구체적인 어려움은 무엇이 있을까. 개인적인 활동이나 커뮤니티 활동을 할 때 어떤 감정을 느끼고 지역을 바라보면서 무슨 생각을 할까. 제2부는 지역 속에서 청년이 자신의 외부에 있는 커뮤니티와 지역을 바라보는 시각을 정리해본다.

우선 이들은 또래 커뮤니티가 없다는 아쉬움을 느낀다. 기존의 오래된 커뮤니티와의 관계 형성이나 소통에 어려움을 느끼고 그들에게 청년 감수성에 대한 이해가 부족하다는 사실에 좌절한다. 동병상련을 교감할 수 있는 사회적 공간이 필요하다고 느끼는 것이다.

다음으로는, 거창한 사명 의식을 우선으로 하기보다는 개인적인 재미로부터 시작하여 자연스럽게 사람이 모이면 지역에 대한 관심으로 이어질 것이라고 생각한다. 관이 제시하는 천편일률적이고 어려운 정보보다는 진짜 사람과 연결될 수 있는, 실용적이고 나와 가까이에 있는 정보에 목말라 한다.

마지막으로, 지역의 청년들은 개인적인 차원에서 느끼기 시작한 문제의식들을 해결하기 위해서는 민간지원조직이나 조례와 같은 제도적 개선이 필요하다는 것을 절감한다.

또래 커뮤니티가 절실하다

지역의 무관심과 올드 커뮤니티에서의 소외감

판이 만들어지는 곳으로 가는 사람이 있는 반면 그전에 맨땅에서 판 자체를 만든 사람도 있다. 이미 많은 단체가 지역에 있는데 청년들은 왜 또 새로운 판을 만들고 싶었을까. 청년들이 제일 먼저 꼽는 이유는 지역에서 또래 청년을 만나고 싶다는 것이다. 지역에서 청년에게 너무 관심이 없는데 자신들은 존재하고 있고, 그러다 보니 말이 통하는 또래 청년을 만나서 뭐라도 이야기를 하고 싶다는 생각을 하게 된 것이다.

"벽화를 그리려고 조그마한 공간을 알아볼 때도 여기에서 뭐 하려고 그러냐고 물어보고 임대 공간을 알아볼 때도 부동산에서 대뜸 뭐할 거냐고 물어봤다. 낮에는 이야기하고 밤에는 모여서 공부한다고 했더니 대체 뭘 공부하는 거냐고 꼬치꼬치 물었다.

2014년에는 청년 네 명 이상이 모여서 골목길을 다니면 마을 사람들이 무서워한다고 이야기하던 분위기가 있었다. 청년에 대한 그런 이미지가 계속 있었다."

말이 통하는 또래를 만나다 보면 자연스럽게 지역에서의 삶에 대한 고민도 나누게 된다. 그러면서 자신이 청년이기 때문에 지역에서 할 수 있는 일은 무엇이 있을까, 어디까지 할 수 있을까, 누구와 하면 좋을까 하는 이야기도 나누게 된다. 외로움이 만남으로 이어져 지역에 대한 고민으로까지 이어지는 순간이다.

그러다가 누군가는 창업을 하고 누군가는 지역에서의 삶을 좀 더 낫게 만들 수 있는 청년정책을 고민한다. 즉 사업과 같은 경제적 부문의 활동에 관심 있는 청년이 있을 수 있고, 참여와 제도 개선에 관심 있는 청년이 있을 수 있다.

이 가운데 청년정책을 고민하는 청년들은 모임을 자체적으로 만들기 이전에 지역사회에서 공익 활동을 하는 시민단체의 문을 먼저 두드리는 일이 잦다. 그런 방식으로 움직일 정도면 갓 학교를 졸업한 20대보다는 30대 초반 정도의 연령인 경우가 많다.

나이 많은 어르신 기준으로 보면 새파란 풋내기로 보일 수도 있지만 30대 초반이면 성인이 되고도 10년이 지난 어른이다. 그러나 자신들보다 더 나이 많은 어르신들이 이미 만들어놓은 시민단체에 들어가면 그들은 룰을 이해하지 못하고 일머리도 익숙하지 않은 풋내기 아마추어 취급을 받는다.

역사가 오래되고 구성원의 나이가 많은 단체의 경우에는 너무 규율이 확고하거나 때로 구습이 너무 강하고 청년의 발언 기회가 많지 않아서 청년이 당사자가 되어 제 목소리를 내기 힘들다. 청년들도 그들의 역사와 경험을 존중하지만 그래도 청년 당사자로서의 주체성도 갖고 싶다는 바람 때문에 청년 모임을 만들고 싶어한다. 여기에는 지역이 청년에 대해 고민하지 않는 현실, 그리고 2017년에 정식 출범한 전청넷*이나 서울의 다양한 청년활동이 일정 정도 영향을 미치기도 했다.

지역에 존재하는 오래된 민간조직들이 지켜낸 시민사회의 역사와 경험 그리고 공헌은 앞으로도 당분간 지속되겠지만 그 미래가 과연 밝을까 하는 의문이 들기도 한다. 누군가의 희생과 누군가의 열정으로 지속되어 온 그 동력을 재생산하고 있는 모습이 잘 보이지 않기 때문이다. 또한 올드 커뮤니티의 개선 사항에 대한 의견도 많고, 이들 단체들이 유연한 연결 없이 그저 각자도생하고 있을 뿐이라는 비판도 있다.

"이 지역의 특징은 청년단체에 비해 오래된 시민단체가 강하다는 것이다… 비영리단체만 400여 개가 있고, 그 가운데 300개 정도가 도내 도심권에 몰려 있다."

"이 지역은 청년정책을 수행하는 기관이나 민간이 너무 다양

---

*2015년 말에 시작하여 2017년에 정식으로 발족한 전국청년정책네트워크(이하 전청넷, https://youthpolicy.kr)를 통해 지역별 청년 모임이 많이 만들어졌다.

한데, 서로 연계가 안 된다."

그 틈에서 기존 단체에 청년이 들어가면 여전히 미숙하고 경험 없는 신입으로 취급받는다. 물론 업무나 조직 생활을 하기 위한 숙련 과정은 일정 기간 필요하다. 그러나 실제 연령보다 훨씬 더 어린 생초보 취급을 받거나 선후배 관계를 강요당하거나 무리하게 단체의 규율을 따르라고 요구하는 경우가 왕왕 있는 것이 문제이다.

"이 지역에는 시민단체가 엄청 많다. 일자리사업 때문에 청년들이 그런 시민단체에 직원으로 들어갔다. 그러나 자기 효능감을 느끼기 힘들다. 그 안에서 하는 일은 그냥 선배들이 해왔던 거를 그대로 이행하는 정도이다.
분명 자유로운 조직처럼 보이지만 의외로 청년이 의사 발언을 하거나 의사 결정권을 갖는 경우는 별로 없다. 조직이 가는 방향이나 일하는 스타일을 맞춰가는 과정이 없고 청년의 이야기를 진지하게 듣지 않는다. 그런 것이 힘들게 느껴져 결국 그만두는 청년들이 많다."

"시민단체에 들어가보니 원래 생각했던 모습과 굉장히 달랐다. 그들이 말하는 가치와 철학은 굉장히 공감하지만 문제를 해결해가는 방식은 지금의 세대와 너무 맞지 않았다. '여기도 아니구나'라고 생각하게 되었다.

시민단체는 일을 주지 않고 자기가 찾아야 한다. 안 하려면 한없이 안 하고 하려면 많은 일을 할 수 있는 조직이다. 그래서 나 나름대로의 주제를 찾으면서 지역의 청년 모임 만들기 과정에 참여하게 되었다. 내가 일하던 시민단체에서는 어쨌든 기성세대와 같이 부딪히고 이야기하는 과정이었던 반면 새로운 단체에서는 같은 고민을 하는 같은 세대의 사람들을 만날 수 있어서 더 관심을 갖게 되었다."

"지역 안에서 활동해야 하는데, 당시만 해도 활동가 모임조차 국장님들 위주였고, 언제나 모이던 단체끼리만 사업을 추진하곤 했다. 그러다 보니 나와 일할 수 있는 파트너를 찾기 어려웠다.

나는 시민단체 활동가인데 아이디어와 의견을 나눌 동료가 없었다. 그래서 동료를 찾는 과정을 먼저 시작해야만 했다."

"시민단체 안에서는 역할이 너무 나뉘어져 있어서 자율적인 선택권이 부족하다고 느꼈다."

"지역 청년이 주체다, 중요하다, 있어야 된다라고들 하지만 그 이면에는 자기들 방식대로 청년을 소진하려는 모습이 있다. 이젠 하도 그런 태도를 많이 봐서 지친다."

"뭐하는 사람이냐, 무엇을 할 거냐고 물어보기 이전에 성씨부터 먼저 물어보고, 아버지는 뭐하시냐, 학교 어디 나왔냐부터 물어본다. 출신지와 아버지 이야기만 물어보고 나에 대해서는 물어보지 않는다. 그렇게 물어보는 게 충분히 이해는 되는데 갑갑하긴 하다."

기존 커뮤니티에서 자기 효능감과 자율성을 느끼지 못하는 이유는 청년세대만의 새로운 방식과 가치가 있기 때문이다. 쉽게 말하면 세대 차이일 수도 있지만 좀 더 거시적인 차원에서 보면 사회의 가치 자체가 전환하는 흐름 속에 있기 때문이다.

이념을 중심으로 국가에 저항하고, 조합원을 모아 더 강한 조합을 만들고, 정의와 평등의 가치에 공감하던 시대가 있었던 반면, 지금의 시대는 그런 역사를 통해 사회가 더 나아졌는가, 왜 그런 일을 해야 하는가, 나와 사회 변화는 어떻게 만나는 것이 맞는가, 그리고 그런 역사를 만들고자 했던 사람들은 모두 옳았는가라고 되묻는다.

'꼰대'와 '라떼'는 '늙음'을 그저 비아냥거리는 표현이 아니라 그들의 시대에서 받은 것이 없다는 것에 대한 시니컬한 표현인지도 모른다. 이런 일련의 시각 변화를 좋게 평가하자면 청년의 독립적인 시각이 있다는 것이고 다르게 평가하자면 세대 간 불통 때문이라고 볼 수도 있다. 최소한 일방적인 의무보다는 개인의 자율성과 선택권이 중요한 시대라는 것을 인정해야 한다.

동병상련의 교감, 청년 감수성

'왜'라는 것을 납득할 수 없으면 움직이기 어렵다는 식의 논리는 '묻지도 따지지도 말고' 대의에 합의하였던 지난 세대와 다른 청년세대의 특징이기도 한데 이러한 질문에 친절하게 선제적이고 능동적으로 답하는 경우는 매우 드물다. 청년은 기성세대의 문제해결 방식보다는 '새로운 문제해결 방식'에 대한 갈증이 있는데 이에 대한 기성세대의 응답이 부족하다고 생각한다.

"주민들의 반응은 예측하기 어렵다. 갑자기 미워하고, 갑자기 욕하고, 심지어 동사무소에 가서 이런 버르장머리 없는 청년이 있다면서 욕하기도 하신다. 그러다가 우리가 사업을 해서 미디어에도 나오고 이 지역이 이슈가 되면 좋다고 칭찬하신다. 영문을 모르겠는 이런 상황이 계속 반복되고 있다."

기존 단체에서 고립감과 갑갑함을 느끼는 청년들이 '새로운 문제해결 방식'을 모색하며 제일 먼저 꼽는 것은 청년 감수성을 공유하는 것이다. 청년 감수성이란 청년들이 중요하다고 생각하는 가치 혹은 그 가치를 중요하게 여기는 태도를 의미한다.

요즘 청년들이 중요하다고 생각하는 가치는 주로 평등과 공정성이다. 연령, 경험, 성별, 학벌과 같은 구시대의 기준이 아닌 가장 기본적인 평등함과 공정성이라도 지킨다면 납득하겠다는 것이다.

물론 사회 전체적으로 평등과 공정성 개념에 대한 의견이 다르고 청년들 사이에서도 그에 대한 이해와 허용의 수준은 다양하다.

그러나 한편으로 보면 평등과 공정성 문제가 그 어느 때보다 중요한 사회 가치로 자리매김하고 있다고 볼 수도 있다. 즉 사회 내에서 청년활동은 이 가치에 대한 합의와 인정이 어느 정도 형성되어야 진행될 수 있기도 하다.

"청년 주체로서 지역에서 주체성을 만들려면 결과적으로는 청년 당사자의 감수성만한 무기가 없는 것 같다. 즉 당사자가 그런 감수성을 지키며 조직을 만들고 그 안에서 의사 표현을 해보는 경험을 해야 한다. 사실 청년 외 주체들은 그런 필요성이나 감수성이 없지 않은가."

"사회적 관심사가 있으면 혼자 일단 찾아간다. 궁금해서 왔다고 하고 이야기를 나눈다. 지역 안에 다양한 청년 커뮤니티들이 있다. 직장 생활 후 남는 시간에 주로 그런 활동을 했다."

"지역이 청년에 대해 너무 고민하지 않는 것 같다는 고민을 했다. 중간지원조직에서 일하면서 청년사업을 하며 서울청년활동지원센터*, 청년허브**, 무중력지대*** 들이나 광주와 대구 등지의 지역 청년센터가 조금이나마 청년문제를 해소할 수 있는 기관이 될 수 있겠다고 생각하게 되었다. 그런 경험을 바탕으로 무턱대고 지역에 청년센터 만들기 활동을 시작했다."

"30대 초반에 생활이 좀 안정되면서 뭔가 해보고 싶었는데 이 지역에서 청년을 보기가 힘들었다. 그래도 사람답게 살려면 나랑 비슷한 또래끼리 만나서 이야기도 나누고 일상을 공유하면 좋겠다는 문제의식을 가지고 있다가 지인의 소개로 청년학교 프로그램에 참여해보니 재미있었다.

단순히 그냥 주 1회 모여서 그 주의 일상을 나누고 사회적인 이야기를 나누는 자리였는데 이 포맷 자체가 마음에 들었다.

---

*서울청년활동지원센터는 2016년에 청년수당과 활력 프로그램 운영을 위해 설립된 기관으로서 민간단체가 위탁운영한다. 청년허브가 거버넌스 모델, 청년단체 지원, 청년기본조례 등 청년정책의 법제화를 주도하는 기관이라면 청년활동지원센터는 청년수당, 마음건강 서비스, 진로탐색 서비스, 지역별 청년센터 조성과 사업지원 등 청년 개인에 대한 사회서비스 개발과 서비스 전달 체계를 제도화하고 운영하는 데 주력한다(https://www.sygc.kr).
**청년허브는 2013년 4월에 전국 최초로 지자체(서울시)가 설립한 청년지원기관이다. 초기에는 '청년일자리허브'라는 명칭으로 새로운 청년 일자리 모델을 제시하고 운영하는 것을 목적으로 하였으나 일자리 외에도 다양한 청년문제가 있다는 비판이 확산되면서 「서울시청년기본조례」(2014년)를 통해 기관명에서 일자리를 제외하고 '청년허브'로 명칭을 변경하였다. 청년 3인 이상만 모이면 모임비 지원(청년참), 청년단체나 프로젝트 지원(청년활), 청년단체나 청년 기업에 공간(미닫이 사무실) 지원사업 등을 진행하였고, 청년과 사회문제에 대한 연구(작은연구공모), 사회혁신 분야의 청년일자리 모델 사업(사회혁신청년활동가) 등 실험적으로 청년 분야 정책을 발굴하고, 거버넌스를 통해 제도화하는 활동을 하고 있다(https://youthhub.kr).
***무중력지대는 청년들의 커뮤니티 확대, 일자리 지원, 역량 강화, 문화 창의 활동 등을 위해 서울시가 설립하고, 민간단체가 운영하는 청년 전용공간이다. 이곳에서만큼은 청년이 사회의 중력에서 벗어나 자유롭게 있을 수 있다는 의미로 '무중력지대'라는 명칭을 붙였다. 무중력지대 G밸리·대방·은평(2015년), 양천·도봉·성북·무악재·홍제·광진(2018년), 강남·영등포(2019년) 등 11개소가 문을 열었다. 2020년부터 새롭게 개관하거나 기존 운영 기간이 종료된 무중력지대는 '서울청년센터'로 기능을 전환하여 운영 중이다(https://youth.seoul.go.kr/site/youthzone/home).

내가 굳이 새로 무엇을 만들려고 할 것 없이 이 프로그램을 지역에서 하면 좋겠다 싶어서 그때부터 그냥 담당자가 되어 적극적으로 활동하게 되었다. 그렇게 해서 한곳에서만 운영하던 프로그램을 다른 지역까지 확장하여 총 3곳으로 늘렸다."

"아는 분이 지역에서 시민단체 간사를 뽑는데 2년 동안 인건비를 책임져줄 테니 해보면 좋겠다고 제안해주셨다. 그때만 해도 시민단체 활동가의 역할을 잘 모를 때였다. 그럼에도 지역사회 대학생 네트워크, 청년네트워크를 만들고 싶었다."

"서울에서 대학생 이슈가 제기되면 학생들이 많이 모이는 것을 보고 부러웠기 때문이다. 대학 때 동아리 활동을 하면서 도내 민중가요 동아리에 있는 사람은 한번씩 만나봐야겠다고 생각하며 여러 곳을 다녔다. 그렇게 찾아가서 교류하다 보니 이런 식으로 청년 네트워크를 만드는 게 가능하겠다는 생각이 들어 시민단체 활동을 하기 시작했다."

재미가 관심으로 이어지다

재미있으면 사람이 모인다

모임을 추구하면서 진지하지 못하게 개인적인 재미만을 추구하느냐는 비난은 앞으로의 세대에게는 결코 적용될 수 없는 말이다. 흥미도 없는데 그 외의 무슨 이유 때문에 모여야 하냐는 반박이 바로 제기될 것이다.

언제부터인가 '재미'는 사람을 움직이는 가장 강력한 동력이 되었다. '재미'가 청년의 고유 가치는 아니지만 필수 요소로는 작동하고 있는 시대이다.

"2014년에 이 지역(○○시)에는 청년이 모일 수 있는 분위기가 아예 없었다. 동아리도 찾기 어려웠다. 그랬기 때문에 일단 모이게 하기 위해 청년학교라는 이름으로 사진 강의, 연애 강좌 등 관심사와 재미 위주의 프로그램을 구성하여 운영하였다."

"고향에 오래간만에 돌아왔을 때에는 내가 떠나기 전과 달라진 것이 별로 없다고 느꼈다. 그러나 그때는 몰랐으니까 안 보였던 것 같다. 계속 살다 보니 이 지역에서도 뭔가를 하고 싶어하는 청년이 진짜 많다는 것을 알게 되었다. 이 사람들을 툭 쳐주면 속도를 낼 수 있겠다는 생각을 하게 되었다.

"문화예술 쪽의 활동을 하고 싶어하는 지역의 또래 친구들은 지역에서 전문적으로 교육받고 지역에서 문화예술을 업으로 살 수 있는 환경을 만들고 싶어한다…. 지역은 그런 청년들이 살 수 있는 환경을 만들어줘야 하는데 이는 매우 복합적인 문제이다. 정부와 민간이 할 수 있는 역할이 다르게 존재하는 부문이기도 하다."

"공연이나 축제 기획은 다른 직업에 비해 자기 주도성이 매우 강하다. 자기가 주도하는 과정에서 대중의 니즈를 파악하면서 자기 주도성을 반영하는 과정으로 일이 진행되기 때문이다. 그 과정 자체가 자존감을 선순환적으로 높이기도 한다. 이런 점 때문에 지역 청년들에게 어필할 수 있다. 환경적인 면에서도 여러 문화 콘텐츠가 각광받는 시대가 되었기 때문에 이 분야가 인기가 있다."

많이 모이면 달라진다

재미에만 멈춘다면 그야말로 놀기만 하는 것에 불과할 수도 있다. 그러나 일단 흥미를 공유하며 계속 만나면서 문화를 공유하고 그러다가 지역에 대한 관심이 생기기도 하고 새로운 활동을 도모하게 되기도 한다. 청년들은 이러한 자연스러운 만남을 통한 연결 효과가 인위적인 목적의 만남보다 더 좋은 것이라고 생각한다.

"재미 중심의 모임을 2년 정도 진행한 후 변화가 나타났다. 처음에는 재미로 벽화 그리기를 하다가 지역에 대한 관심이 커졌고, 재미난 일 외에도 뭔가 목소리를 내면 좋겠다는 요구가 내부에서 생기기 시작했다.

사실 우리 주변에는 즐겁게 살지 못하는 (재미를 느낄 여유조차 없는) 청년들이 더 많다는 것을 모두 알고 있었다. 그런 고민을 공유하면서 우리가 할 수 있는 또 다른 활동에 대해 조금씩 고민하기 시작했다."

"처음에는 밥 먹는 모임으로 시작해서 계속 밥을 같이 먹고 수다 떠는 모임을 1년 정도 진행했다. 그러던 중 기본소득에 관련한 공모사업에 선정되어 그걸로 또 열심히 같이 밥 해먹고 수다를 떨었다. 밥모임을 하다가 텃밭 농사를 짓게 되었고 비건(vegan) 하는 사람들 등 새로운 방식으로 사는 사람들과 연결되었다. 일종의 네트워크가 형성된 것이다."

자주, 많이 모이다 보면 지역에서 할 수 있는 다른 일을 찾기 시작한다. 지역의 현안에 관심도 생기고, 우리 지역의 정책에 대한 문제의식을 서로 나누기도 한다. 그렇게 청년 모임은 청년 이슈를 만드는 모임이 되기도 한다. 양적으로 많아지면 질적으로도 달라진다.

"청년으로서 지역에서 뭘 할 수 있을까부터 찾았다. 우리가 가진 자원과 지역의 현안과 문제점은 무엇인가를 파악하고자 했다. 예를 들면 지역은 생태도시를 표방하는데 쓰레기 문제가 심각하다라는 식으로 점점 구체화해 나갔다. 그런 문제에 대해 동네 청년들과 테이블 토론 같은 것을 했다.

밤길이 어두워서 퇴근길이 너무 무섭다는 이슈가 제기되었을 때에는 지역 공단 청년 두 명과 시장님이 함께 귀가하는 프로젝트를 했고, 동네 꽃길이 예쁜데 아무도 안 찾는다고 하길래 그쪽과 연결해서 우리가 축제를 기획해주었다. 그런 식으로 우리의 문제의식이 지역문제와 맞아떨어지는 프로젝트들을 진행했다."

"프로젝트 진행에 행정의 예산 지원이 많이 있었다. 어떻게 보면 약간 청년 서포터즈 같은 개념이었던 것도 같다. 다만 (일방적으로 행정에서 동원하는 것과) 조금 달랐던 점은 뭔가 우리에게 자율성을 더 준다거나, 최대한 지원해준다는 것이다. 예를 들면 시청에 별도의 청년 단체 공간을 제공해주었다."

셀프 실태조사, 셀프 정보 생산

또래 커뮤니티가 만들어진 후에 직면하는 문제는 데이터와 정보 부족이다. 내가 살고 활동하는 지역에 청년 중심의 실태조사가 부족하다든가 창업이나 일자리 지원금 외의 실용적인 청년 전문 정보가 부족하다는 문제의식을 갖게 된다. 아이러니하게도 5G 시대에 지역 청년에게 필요한 정보가 없는 것이다.

광역지자체도 그러하지만 기초지자체 역시 청년 담당 부서가 부족하다 보니 청년 전문 정보 생산이 부족해도 너무 부족한 것이다. 네트워크 시대에 정보는 힘이고 자원인데, 어떤 식으로든 일반 청년이 이해할 수 있는 데이터가 없다.

그러다 보니 지역 청년들은 무에서 유를 창조하듯이 주변 지인들에게 물어물어 거의 수작업에 가까운 과정을 거쳐 데이터를 만들고 있다. 조사 전문가의 눈으로 보면 한없이 허술한 설문지일지 몰라도 청년의 눈으로 지역의 모습을 파악하고자 하는 절실한 노력이 진행된 것이다. 빅데이터를 활용하여 어디에든 필요한 정보가 다 있다는 식의 정부 홍보가 무색해지는 대목이다.

"우리가 세력을 규합할 수 있는 능력은 없었기 때문에 어떻게든 데이터를 갖고 가서 행정을 설득해야 했다…. 300명의 청년에게 물어봤더니 200명의 청년이 집이 필요하다고 응답했다. 그 결과를 데이터로 제시하며 청년들의 이러한 요구를 들어달라고 요청했다."

"지역 청년들이 살아가는 데 필요한 정보를 어디에서 얻는지 전혀 모른다. 지역 맘카페에서 말하기를, 청년지원센터 홈페이지에서 일자리정책이나 공모사업, 지원사업 정보는 얻을 수 있어도 지역에 정착하기 위한 의식주나 복지 관련 정보를 알 수 있는 곳은 한 군데도 없다고 했다.

이런 문제를 해결하기 위한 사업을 하는 사람도 없다. 돈이 안 되니까. 사회적기업이나 창업 쪽으로 지원받아야 되는데 정보 제공만으로 운영하기는 어렵다. 그나마 지역 맘카페가 엄청 활성화되어 있어서 그분들은 사회적기업까지 만들었다."

"외부에서는 정보를 파악하기 어렵다. 대부분의 정보는 이 지역에 20~30년 먼저 귀촌한 분들에게서 얻어 청년들의 단톡방에 공유하는 식으로 확산된다. 오프라인에서는 장터가 중요한 정보 소스였는데 최근에는 코로나 때문에 오프라인에서의 정보 공유가 활발하지 않다. 그래도 중요한 정보는 사람의 입에서 입으로 많이 전달되는 편이다."

지금 지역 청년들은 거대한 국가 통계가 아니라 그들이 사는 지역에서 그들의 실정에 맞는 질문으로 조사한 실용적이고 구체적이고 이해하기 쉬운 지역 데이터(local data, small data, life data)가 필요하다.

그 데이터의 생산 목적은 정부의 행정 성과 과시나 연구자의 연구 목적이 아니라 청년의 지역 생활 개선에 도움이 되어야 한다. 계속 셀프 정보 생산을 하던 청년들은 이제 지역 내에서만큼은 청년 생활 실태 전수조사도 할 수 있는 것 아니냐고 제안한다.

"기회가 되면 시에서 지역 청년 7만 명에 대한 전수조사를 했으면 좋겠다. 조사 전문 업체가 조사하더라도 청년활동가들이 참여해서 질문 방향도 논의하면서 당사자 주도형 조사를 하면 좋겠다. 그런데 그 비용이 몇 억이나 드니까 시에서는 그 제안을 거절했다."

"2016년에 8개 문화단체, 작은 청년 모임들이 모여서 지역 내 청년 실태조사를 먼저 시작했다. 2015년 말부터 14명이 모여 중간지원조직에서 스터디 모임을 했는데 공무원들은 근거 자료를 좋아하니까 우리가 한번 실태조사 같은 것을 해보자고 한 것이다.

2016년에 우리가 실태조사를 했고, 2018년에는 처음으로 시에서도 지역 청년에 대한 실태조사를 했다. 1차 조사 때 나온 인상적인 응답 내용은 내가 청년이라고 생각해본 적 없다는 것이었다. 또한 지역 청년으로 인식할 수 있도록 또래 커뮤니티가 있었으면 좋겠다는 의견도 많았다."

"2016년부터 지역에서 설문조사를 하면서 청년 데이터를 모으려고 했다. 그 결과로 프로그램을 만들면 홍보지를 보고 사람들이 모였다. 원래 2014년에 처음 했던 조사는 '대학생 생각 조사서'로서 전반적인 모든 것을 물어보았다.

예를 들면 뭐가 필요하냐, 뭐가 고민이냐, 집은 어느 곳에 사느냐, 버스를 이용하냐, 알고 있는 정당이 있냐 하는 문항을 종이 설문지로 만들어 조사했다. 그런데 결국 지역 대학생 조사만 하여 결과치가 일부 대학생 의식조사처럼 되어서 한쪽으로만 치우치다 보니 쓸모없는 자료가 되어버렸다.

학교에 따라 필요 내용이 전혀 다르게 나온 것이다. 집 가까운 곳으로 걸어 다니며 통학하다 보니 주거 문제가 없는 지역도 있었고, 외지인이 많아서 집값이 문제라는 지역도 있는 등 결과가 들쑥날쑥했다. 그래도 설문지 맨 마지막에 연락받길 원한다, 활동 소식을 받고 싶다는 의견도 있었다. 그래서 그런 사람들을 중심으로 연락하며 사람을 모았다.

'청년 식생활 실태조사'도 했다. 저녁은 먹냐, 술 먹냐, 식생활 교육을 하면 참여 의사가 있냐는 것을 물어보았다. 연락처를 남기는 사람에게 연락하여 밥모임을 진행했더니 최소 10명

이상 참여했다. 그렇게 설문조사를 돌리면 평균 30~40명 정도
는 연락을 받아보고 싶다고 응답했다."

"센터가 만들어진 곳이 몇 군데 있어서 거기서 정보를 제공하
기는 한다. 이 지역은 중간지원조직 대부분이 다 직영이다 보
니 센터 직원에게 정보 접근 권한이 없다. 센터에 청년정책이나
제도를 알려달라고 했더니 인터넷을 검색해보라고 했다.

시의 청년정책 전담 부서가 직영하는 곳을 주무관 한 명이 기
간제 공무원으로서 청년 한 명을 채용하여 운영하고 있는데,
지역의 청년 관련 정보를 요청했더니 이 부서가 다른 부서의 정
보를 취합할 권한이 없으니까 다 일일이 전화해서 확인을 해야
알 수 있다고 했다."

사업과 커뮤니티를 추구하다

모멘텀으로서의 세월호 사건

1997년 IMF 위기와 2008년 글로벌 경제위기로 인해 고용 감소가 진행되면서 지역의 고용 불안이 가중화되었다. 그리고 청년의 경제활동 역시 그러한 고용 불안 구조 속에서 표류하고 있다.

그런데 청년의 사회 활동의 경우는 2014년 세월호 사건이 일종의 기폭제(trigger)로 작용하였다. 정부에 대해 다시 생각해보게 되고 이러한 문제의식에 공감하며 무엇을 배우든 무엇을 해보든 한번 모여보자는 모임이 형성되기 시작한 것이다.

지역마다 '지역' 청년 활동, 지역 청년 중심의 추모 분위기, 서울 단체와의 연대 활동 등이 진행되면서 청년 모임이 늘게 되었고, 지역 공동체 활동으로 이어지게 되었다. 즉 세월호 사건이나 청년창업 지원사업과 같은 외적 요인이 청년문화모임 형성이나 청년창업 요구 등과 맞물리면서 지역사회에서 청년이라는 존재가 부각되었다.

사회문화적 측면에서의 청년문화모임은 청년 공동체 활동과 청년조례 제정 운동으로 이어지고, 경제적 측면에서의 청년창업은 지역가치창업으로 이어져 현재 지역 변화를 이끄는 두 중심축이 되었다.

"2014년 세월호 사건이 가장 큰 계기였던 것 같다. '이제는 국가가 변해야 한다'는 의견이 많이 나왔다. 그저 개인적인 흥미로 모인 그룹에서조차도 그런 의견이 자연스럽게 나왔다."

조례의 필요성에 눈뜨다

매번 이주하거나 창업만 할 수는 없다. 사업가가 직업이라면 모를까 창업가가 직업이라는 것은 말이 안 된다. 경력이든 업력이든 쌓아야만 생활을 지속할 수 있다. 그러나 지금 청년은 사회취약계층이 지원금을 받듯이 청년지원금을 받아야만 하는 처지가 되었다.

그마저도 일자리 창출과 창업 분야로만 제한된 지원금이기 때문에 결과적으로는 고용촉진지원금이 대부분인 상황이다. 이러한 한계에 직면하면서 지역 청년들은 제도적인 차원에서의 조례 제정에 관심을 가지게 되었다.

"원래 우리의 목표는 지역 청년을 주체로 만드는 것이었다. 그래서 중간지원조직 일을 그만두고 협동조합을 만드는 중이다. 협동조합으로 공간을 운영하고 주거도 더 늘리고, 주거복지 관련 활동을 할 계획이다.

　　　　　　　　　로컬에서 청년하다

주거복지조례 안에 사회주택사업까지 있다. 별도의 사회주택 관련 조례는 없다. 그전까지는 사회주택이라는 개념이 조례 안에 없어서 주거복지조례를 개정해서 집어넣었다.

서울에서의 사회주택은 비교적 저렴한 주거를 제공한다는 의미가 있지만 지역에서는 그런 경제적 효과를 기대하기는 어렵다. 다른 곳 역시 저렴하기 때문에 큰 차이가 나지 않는다. 다만 사회주택을 통해 커뮤니티가 형성될 수 있는 가능성을 기대하고 있다. 같은 조건에서 커뮤니티 등 공동체 기반이 있으면 청년의 만족도가 더 높다는 사실을 확인한 것이다."

"일자리나 인구 증가가 목적이 아니면 정부 지원을 받지 못한다…. 회의를 한 번 할 때마다 회의비 2만 원을 받는데 그 정도 액수를 받고 대표로서 활동하는데도 지역사회에서 욕을 먹는 '이 더러운 지역사회', 그게 현실이다.

그렇다고 하지 않을 수는 없다. 누군가는 해야 할 일이다. 가만히 숨만 쉬고 있는데 갑자기 날아오는 오해들은 정말 견디기 힘들다. 지역에서는 일의 선후를 이해하려고 노력하거나 내용을 알려고 하지 않은 채 사업비 액수만 보고 난리 친다."

"청년몰은 그 안에 여전히 조직화도 안 돼 있고 여전히 청년몰 입주 관리는 시나 상인회에서 주도하기 때문에 상인회 하부조직으로 되어 있다. 지역 안에서 청년들의 위치가 딱 그만큼인 것이다."

"창업만 선동하는 분위기는 대단히 위험하다. 오히려 진짜 창업을 독려하려면 자리 잡을 때까지 인큐베이팅과 엑셀러레이션을 함께 고민한 지원프로그램을 많이 제시해야 한다. 그런데 현재는 너무 인큐베이팅에만 치중해 있는 것이 문제이다."

"청년사업을 하면서 좀 유명해지니까 별의별 제안이 다 들어왔다. 돈 많으신 분이 '내일 당장 몇 억을 쏴줄 테니 너희 하고 싶은 거 다해'라고도 했다. 나중에 알고 보니 개발 직전의 땅값을 올리기 위한 전략이었다. 그때 거절하길 참 잘했던 것 같다."

청년 커뮤니티 문화

저항문화, 히피문화가 청년문화를 대표하며 한 시절을 풍미했던 적이 있다. 그러나 지금 지역의 청년들은 지역에서 '문화' 그 자체를 느끼기 어렵다는 이야기를 많이 한다. 풍족한 상업문화의 향유뿐만 아니라 청년 당사자들이 연극, 영화, 미술, 스포츠, IT, 축제를 경험하거나 그 경험을 바탕으로 콘텐츠를 제작하며 창의력을 발휘할 수 있는 기회조차 부족하다는 의미다.

"타 지역에 와서 청년이 주도적으로 할 수 있는 일을 찾다가 500만 원을 지원받아서 거리 축제를 기획했다. 그 행사에 시장, 공무원, 동장님, 주민 등이 많이 참여하여 화제가 되었다. 그런데 타 지역 출신의 신생 청년단체이기 때문에 그 지역에서 이미 오랜 기간 지원받고 있던 단체나 기관보다 사업에 선정될 확률이 낮을 것 같다는 생각이 들었다. 그래서 지역문화재단이나 문체부의 사업에 지원하는 것으로 방향을 잡았다.

그렇게 2016년에 사업을 한번 해보면서 2017년에 본격적인 활동을 시작했다…. 우리가 잘 기획했다기보다는 우리는 그저 판을 벌렸을 뿐인데 사람들이 많이 와서 인기가 높았다. 700만 원짜리 축제에 700명이 온 것이다. 덕분에 그 후에도 그 축제를 지속하고 있다. 시에서도 우리 모델을 모티브로 한 사업을 공식적으로 추진하게 되었다."

"제일 고민하는 것은 청년 문화예술인이다. 코로나가 지속되는 상황에서 문화예술인이 아사할 수 있겠다는 생각을 한다. 한국예술인복지재단에 등록되어 있는 사람들만 코로나 피해 지원 혜택을 받을 수 있다.

그런데 대부분의 청년 예술가들은 거기에 등록하기에는 경험과 경력이 부족하여 지원받을 수 있는 방법이 없다. 게다가 문화예술 지원사업은 주로 창작지원사업이기 때문에 인건비 지원을 하지 않으므로 생활문제 해결에 큰 도움이 되지 않는다."

청년단체가 필요하다

또래 커뮤니티가 만들어진 후에 전개하는 활동은 지역의 청년 현실 알기, 지역에서 청년이 필요로 하는 요구 파악하기, 요구를 제도와 연결시킬 수 있는 방법 모색하기 등으로 이어진다. 이 과정에서 청년활동은 단순한 커뮤니티가 아니라 좀 더 체계적인 민간조직을 형성하여 기초지자체 의원이나 정치인과 연결되고 지역의 조례 신설이나 개정 작업에 함께 힘을 모으기도 한다.

"지역에 시의원, 구의원, 자원, 센터가 있었지만 그래도 민간조직이 없다 보니 제대로 안 돌아가는 것 같다. 코어는 민간조직이고 그 도구로서 의회와 기관이 작동해야 하는데 민간조직이 없다 보니 움직여지지 않는 것 같다. 아무리 좋은 도구가 있어도 실행 주체가 명확해야 하는 것이다.

조례 만들 때 문구 같은 것도 시의원과 우리가 의논하면서 했다. 사실 그런 방식으로 시의원들과 정책을 만드는 경험이 전국에 그렇게 많지는 않다. 그게 가능했던 이유는 우리 지역의 시의원이 스스로를 청년 당사자이자 정치인으로 인식하고 있었기 때문이다.

그런 과정이 없으면 그냥 행정이 다 처리해버리게 된다. 뭔가 행정을 견제하고 행정을 제대로 작동시키려면 시의원이 필요하고 민간조직도 있어야 한다. 민간에서 상세한 요구를 챙기면 시의원이나 정치인이 역할을 해줘야 행정이 움직인다. 그렇지 않으면 사실 행정 담당자가 바뀌면 사업 자체도 바뀌어버리는 경우가 대다수이다."

"의회에서도 청년문제에 별로 관심이 없다. 기초 단위로 갈수록 더하다. 법이나 조례에 근거해서 진행되는 일도 드물다. 그나마 요즘은 조금씩 바뀌고 있지만 어떤 조직에 속하지 않으면 일반 시민의 의견이 행정에 닿기 힘든 것이 현실이다."

"서울의 청년허브 활동이 굉장히 부러웠다. 우리 도에도 청년허브가 있었으면 좋겠다, 소규모 활동 지원이 있었으면 좋겠다며 부러워했다."

반드시 서울과 연결되어야 유능한 단체는 아니다

단체가 있다 하더라도 후원 방식으로 운영하는 것도 아니고 자발적인 모임이 대다수인데 그러한 작은 모임을 위한 지원금이 활발하지 않으니 단체의 지속을 위해 사업 수주를 하게 된다. 그런데 이 과정에서 지역의 시선은 이들의 본래 실력에 더하여 서울 단체와의 연관성도 함께 고려하는 것이 현실이다. 외부의 힘과 연결해야만 지역단체의 자생력을 높게 평가하는 아이러니한 현실에 직면하는 것이다.

"지금 청년사회주택 관련 사업은 사실 서울의 관련 단체와 했기 때문에 가능했던 것 같다. 사업 성과 문제가 아니라 지역에서 대하는 시선 자체가 다르기 때문이다. 그래서 어지간하면 서울권 단체와 엮어서 하려고 한다. 그게 더 효과적이다."

제3부

지역,
행정과 청년 정치

지역에서 역동적인 청년을 만나고 싶다는 얘기를 자주 듣는다. 그러나 청년이 지역에서 두각을 나타내는 데는 지역에 대한 정보, 자원 동원 능력, 정치력 등이 영향을 미친다. 중간지원조직은 청년 개인과 정부를 연결하면서 청년의 역동성을 촉진한다. 행정과 정치가 지역살이에 막대한 영향을 미친다는 것을 지역에서 새로운 것을 시도해본 사람이라면 누구나 안다. 청년들도 마찬가지로 그렇게 느낀다.

제2부에서는 지역과 마주하게 된 청년들이 일상의 차원에서 경험하는 결핍과 어려움을 알아보았다. 이어서 제3부에서는 이들이 지역에서 마주하게 되는 중간지원조직과 행정과의 관계를 구체적으로 알아보려고 한다.

청년활동을 지원하는 다양한 조직들은 청년에게 어떤 모습으로 다가오고 있는가, 실제로 도움을 주는 부분은 무엇이며, 도움을 준다는 명분 아래 의도하지 않게 새롭게 만들고 있는 문제는 없는가 등을 알아보고자 한다. 제도가 장애물이 아니라 촉진제로 작동하려면 어떤 문제를 해결해야 하는가를 정리해본다.

중간지원조직과 교류하다

중간지원조직은 정부와 개인을 연결한다. 보통은 정부사업을 수행하지만 위탁기관이 운영을 하고, 그 안에 다양한 목적을 가진 청년들이 근무한다. 지역에서 창업이나 활동을 하려면 제일 먼저 만나는 기관이 중간지원조직이기도 하다.

시민단체가 활발하던 시기에는 공익 활동을 하고 싶으면 시민단체를 찾아가면 되었지만 지금은 공익 활동뿐만 아니라 개인창업 지원사업도 많다 보니 시민단체가 모두 담당할 수도 없다. 한편 2000년대 초반부터 서울시를 중심으로 중간지원조직 역할을 하는 기관들이 많이 생겼고 그 역할 범위가 점점 더 확대되고 있다(미디어에서 중간지원조직이 언급되기 시작한 것은 2008년 무렵부터이다).

중간지원조직의 구체적인 명칭은 보통 ○○센터 등으로 불리는데 ○○진흥원 등의 공공기관이나 지자체로부터 위탁운영된다. 이 책에서 주로 언급하는 중간지원조직은 청년사업을 담당하는 중간지원조직을 의미한다.

개인이나 단체가 중앙부처를 직접 만날 기회는 거의 없다. 비록 위탁으로 운영되기는 하지만 개인이나 단체는 중간지원조직을 통해 정부사업을 알게 되고 이해하게 된다. 그래서 정책과 사업 전달 체계로서 중간지원조직의 역할이 중요하다.

"청년의 입장에서 중앙정부는 너무 멀다. 그러나 시에서 뭘 한다고 하면 관심을 가진다. 시라는 지자체를 통해 국가사업을 간접적으로 보게 되는 것이다. 그 과정에서 한 번이라도 지원사업을 받으면 정부 정책에 대한 시각이 확 달라진다. 그 후로도 관심을 갖고 챙겨보려고 하고, 새로운 정보를 알게 되면 친구들에게 소문내기도 한다. 국가에서 돈을 받았으므로 행정이나 국가의 효용성을 느끼게 되는 것이다. 이는 정치적 성향과 상관없이 모든 청년들에게서 나타나는 특징이다."

설립 자체가 성과

조직 설립의 우연성과 필연성 정도는 지역마다 다르다. 자치단체장이 적극적이어서 중간지원조직이 만들어지기도 하고, 법이 만들어졌으니 청년센터를 만들어야 한다고도 한다. 그런데 청년지원센터의 절대 수가 아직도 턱없이 부족하다. 그러다 보니 센터 설립 자체가 성과로 평가되기도 한다.

"청년지원센터가 만들어졌다는 것 자체가 대표적인 성과이다. 많은 조직이 생겼다가 없어지는데 그래도 센터는 유지되고 있다. 한편으로는 이런 센터조차 없는 지역이 많지 않은가. 또한 청년이 개입할 수 있는 권력 자원을 확보했다는 의미도 있다.

엄청난 성과를 만들어내기는 어려운 구조이지만 그런 상황 속에서도 커뮤니티를 만드는 모임사업이나 청년들의 이야기를 묶어내려는 노력을 지속하고 있다. 한편으로는 행정기관을 대하면서 관의 속성을 체득하는 효과도 있다."

"청년센터는 복지 관점으로는 볼 수 없는 다른 영역이긴 하지만 그래도 지역에 하나씩은 있어야 한다. 그런데 청년센터를 자꾸 멋진 공간 꾸미기 중심으로 설치하는 경향이 있다. 청년을 운영자로 하고 사업 부문을 자율적으로 논의하게 하는 구조가 전혀 아니다. 지역마다 상담, 창업, 취업 부문의 수요가 매우 다양할 수 있는데 사전에 그런 조사를 하고 센터를 설치하는 것이 아니라 일단 공간 개조부터 시작하는 경향이 있다."

"이 지역은 민간이 강한데 건강한 방식으로 강하기보다는 그저 민간이 조직화되어 있으면 관이 지나치게 신경을 쓴다는 의미에서 강하다…. 행정이 눈치를 보는 곳은 중간지원조직이 아니고 민간이기 때문에 중간지원조직으로서 민간과 어떤 관계를 맺느냐에 따라 힘의 크기가 달라진다."

지자체에서 지역재생이나 청년 관련 조례를 제정할 경우에 그 특성을 한마디로 말하면 '설치' 조례라고 할 수 있다. 즉 지역과 청년을 활성화하기 위한 전문기관을 '설치'하는 것이다. 다양한 내용이 포괄되어 있는 것이 아니라 기관의 설립이 중요하다는 것은 조례의 의미에 대한 이해 정도가 낮다는 것을 의미한다.

또한 누가, 왜 조례를 만들었고, 누가, 왜 센터를 운영하게 되는가의 과정도 지역마다 다르다. 어떤 지역은 정치 논리에 의해 급조된 선거공약으로 조례가 만들어지기도 하고, 어떤 지역은 여러 사람의 의견을 모아 조례가 만들어질 수밖에 없는 필연적인 환경이기도 하다. 즉 우연성과 필연성의 정도와 조합이 지역마다 매우 다르다.

한편 조례 제정부터 센터 설치까지 늦으면 몇 년의 시간이 걸리기도 한다. 조례 제정 자체도 시간이 걸리거니와 조례에 근거한 센터 설치까지 미션과 기능 설정, 공간과 운영 주체 확보 등에도 많은 시간이 걸린다. 물론 청년 분야만 이런 것이 아니라 보편적으로 일의 진행 과정이 그러하다.

위탁운영의 문제

중간지원조직의 역할은 누가 정할까. 관련 조례에 구체적으로 그 역할이 제시되어 있을까. 중간이라는 의미가 '낀'이라는 의미는 아닐까.

"어떤 기관은 준비 기간이 굉장히 길었다. 나아가야 할 방향, 가치, 철학, 내부 규정들을 잘 만들어서 사업을 시작했기 때문에 지금도 흔들림이 없다."

"중간지원조직의 역할에 대한 토론이 없다. 예산 확보를 위한 소모적 논쟁만 있다."

"지역마다 격차가 엄청 심하다. 누가 어떻게 운영하는가에 따라 완전히 성격이 달라진다. 지역의 어떤 사람이 배치되어 있고 지역에의 영향력이 어느 정도인가에 따라서도 완전히 달라진다. 자원은 한정되어 있는데 사업 결과물 등의 성과를 내는 것도 편차가 심하다. 그런데 공무원처럼 움직이면 성과는 제한적이거나 양적 성과에 치중할 수밖에 없다."

청년지원기관의 책임자가 청년 당사자가 되는 경우는 드물다. 지원 과정과 심사를 통해 기관운영 위탁관리를 맡은 단체가 청년지원센터장을 직접 선임하기도 하고 공모를 통해 채용하기도 한다.

어느 정도의 경험과 관리능력을 증명해야 하므로 당연히 상대적으로 경력이 짧은 청년보다는 그 위의 연령이 센터장이 될 확률이 높다. 임기 5년을 넘지 못하는 센터장이 누가 오냐에 따라 조직의 위상이 기반부터 흔들릴 때도 있다. 리더 리스크(leader risk)와 위탁기관 리스크까지 겹쳐 리스크 풍년인 상황이 되는 것이다.

"청년지원센터의 고용 불안정성이 너무 큰 문제다. 담당자가 계속 바뀐다. 위탁기관과 센터장도 임기가 2년으로 너무 짧다."

"조직 자체가 정책이나 내용이 아니라 자리를 중심으로 만들어지는 것이 문제다. 그러다 보니 자기 사람 챙기기가 다반사다. 정부 영역이나 시민단체 영역이나 마찬가지다."

"청년지원센터가 직접 일을 하는 것이 아니라 사업별로 위탁하여 운영한다. 관리 역량은 안 되면서 모든 것을 통제하고 관리하려고 한다. 그러나 민간위탁이 모든 사업의 정답이 되어서는 안 된다.

단체들마다 관리와 통제를 쉽게 하려고 민간위탁으로 사업을 진행하다 보니 결과적으로는 행정기관의 위상만 강해지고 사업 전체의 구조를 아는 것도 행정기관뿐이게 되는 역설적 상황이 발생한다. 그러다 보니 중간지원조직을 민간위탁으로 운영하는 것이 적절한가라는 의문이 생긴다."

"중간지원조직은 일반 직장과 다른 개념의 조직인데 이게 단순히 활동가냐 직장이냐의 개념은 아니다. 행정가는 현장을 잘 파악하여 놓치고 있는 빈 지점을 찾고 일이 될 수 있는 방식을 만드는 데 많은 에너지를 쓴다. 그런데 각각의 역할과 기능이 정리가 안 되다 보니 사업만 수행하는 기관이 되는 경우가 대부분이다.

사실 이 지역의 중간지원조직은 서울시청년활동센터가 청년수당을 기반으로 사업을 하는 것처럼 어떤 기반을 가지고 있는 것이 아니다. 대상층이 분리되어 있지도 않다. 그냥 모든 만 19세~39세 청년을 대상으로 하는 사업을 다룬다.

그러면 지역에서 욕구나 불만이 나온다. '왜 너희는 운동하는 청년들하고 일해?', 혹은 이 기관은 미취업 청년이나 특수한 계층의 청년만 지원하는 곳이냐는 문제제기가 들어온다. 지역 사회에서 청년과 사업하고 싶으면 무조건 청년센터로 오지만 그 욕구들이 모두 다르다. 그렇지 않아도 청년센터 활동이 지역별로 다른데 지역 요구가 다양하다 보니 평가가 엇갈리게 된다.

조례를 만드는 과정에서 1순위는 연구하고 의제를 발굴하는 것인데 한 번도 청년센터가 그런 적이 없다. 조례상의 역할과 지금까지 해왔던 역할이 다른 것이다. 그 결과 조례 자체도 문제고, 민간위탁 방식 때문에 센터장 임기가 짧고 자주 바뀌는 것도 문제고, 시가 원하는 청년센터의 모습과 청년센터의 원하는 모습과 외부에서 원하는 청년센터의 모습이 단 하나도 결합된 지점이 없었다. 그게 제일 문제다."

"청년들은 행정은 센터가 다 해주었으면 좋겠다고 생각한다. 본인들이 뭔가 고민되고 힘들 때 그런 일들을 청년센터를 통해서 해결하고 싶어한다.

예를 들어 청년축제를 맡을 곳이 없고 뭔가 이렇게 불안해졌다 그러면 청년센터가 맡아서 해주기를 바란다. 어떤 경우에는 분명히 원하는 내용을 제시하지도 않는다. 그게 제일 문제다. 청년센터의 정체성이 모호해지는 것은 (현장의 수요를 파악하기도 전에) 윗선에서 행정이 갑작스럽게 사업 수행만 요구하기 때문이기도 하다."

"중간지원조직은 민과 관을 연결하는 중간자적 역할을 한다. 그러나 실제로는 누구의 편을 들 수밖에 없다. 항상 그런 상황이 발생한다. 그럴 경우에는 민간의 편을 드는 게 맞다."

"서울은 청년지원센터나 청년청, 청년허브 등 사업 성격이 분명한 조직이 많은 느낌이다. 다른 지역의 청년지원센터의 경우에는 매우 자율성이 높은 곳도 있다. 그러나 이 지역의 청년센터는 외부적으로는 활발한 것처럼 보이지만 실제로는 시청의 대행기관에 불과하다.

게다가 청년지원센터장 자리를 두고 청년단체 간의 갈등도 심한 편이다. 센터장의 임기는 2년이기 때문에 누가 되는가보다는 위상과 관련된 논란이 많다. 센터장이 자기 역할을 효율적으로 하지 못해서 직원들이 갑자기 많이 이직한 경우도 있다."

공간 제공자?

　사랑방이라는 말을 이제는 쓰지 않는다. 푸근하고 행복한 공동체 자체를 찾기 힘들기 때문이다. 그래도 사람이 모이려면 공간이 필요하다. 사랑방은 폐쇄적 공간이 아니다. 언제나 문이 열려 있는 곳이다. 사랑방은 집(제1의 장소)과 일터(제2의 장소)가 아닌 제3의 장소이다.

　모임 공간에 사람이 오는 이유는 여러 가지다. 그냥 뭐하는지 궁금해서, 답답하니까 일단 이야기 좀 해보려고, 기왕이면 함께 이야기하면서 문젯거리를 풀어보려고, 단지 모이는 게 좋아서 같이 놀면 좋아서 등등 제각각의 이유로 공간을 방문한다.

　거창하고 대단한 시설이 아니어도 좋지만 쓸만한 시설과 짜임새 있는 공간이면 더욱 만족스러울 것이다. 일단 그런 공간이 있어야 하고, 그 공간을 잘 쓸 수 있도록 적절한 용도를 제시해주어도 좋다. 화장실, 부엌 정도는 너무나 용도가 확실하지만 그 나머지에 어떤 공간을 만들지는 모두 함께 고민해보아야 하는 부분이다.

　"2015년 청년기본조례 제정에 따라 청년지원센터가 설치되었다. 당시만 해도 전국적으로 청년정책이 모호한 상황이었고 청년수당도 도입되기 전이었다. 지금은 청년단체가 많지만 당시에는 거의 없었다. 그런 상황이다 보니 이 지역의 청년지원센터도 공간 대여 업무를 주로 하는 그야말로 '공간' 그 자체에만 머물러 있었다. 정체성이 모호했던 것으로 기억한다."

"청년센터가 만들어진 계기는 2018년 중앙정부의 공간 조성
사업에 선정되면서이다. 지자체가 자체적으로는 만들지 않았
을 것이다. 지역 여건은 조성되어 있었지만 도시공원 일몰제로
한동안 시끄러웠었기 때문에 시가 공원도 사들여야 하고, 신청
사도 지어야 하고, 세금을 많이 내는 지역 내 대기업이 코로나
로 조금 주춤했기 때문에 그래서 전체적으로 예산을 깎고 있어
서 아마 자체적으로 만들기는 힘들었을 것 같다. 그마저도 중
앙정부에 공간을 조성했다고 보고하고는 끝이었다."

"청년정책을 시작하면 이상하게 공간부터 먼저 한다. 그나
마 도비와 시비를 매칭해서 만들려고 했던 그 사업도 도 사업
을 못 받아서 엎어졌다."

정체성, 역할과 범위

중간지원조직이라는 개념이 국내에 소개된 지 12년이 넘었고,
전국적으로 매우 많은 중간지원조직이 존재함에도 불구하고 경력이
오래된 중간지원조직 경험자들조차 중간지원조직의 역할과 기능에
대해 모호한 인식을 하고 있다.

그 이유는 개인이 무지해서라기보다는 조직 위상으로서의 '중

간'이 무엇과 무엇의 중간이고, 사업 내용으로서의 '지원' 범위가 어디서부터 어디까지인가에 대한 해석이 매우 다양할 수 있기 때문이다.

즉 매우 형식적으로 해석하면 중간지원조직은 그저 말단에서 사업만 소개하고 정보만 알려주는 상담 중심의 수행조직일 뿐이다. 어느 동네에나 있는 평범한 행정기관의 기능과 별반 차이가 없을 수도 있다.

그러나 민주적·참여적 관점에서 적극적으로 해석하면 중간지원조직은 현장과 가깝기 때문에 누구보다 빨리 현장의 변화를 감지하고 그 수요를 사업으로 만들어 상향식으로 지자체와 중앙정부에 전달할 수 있는 정보력과 실행력을 겸비한 막강한 조직이 될 수 있다.

"항상 교육이 먼저고 사람을 키울 수 있게끔 해야 한다. 공무원들은 그런 거 잘 못한다. 중간지원조직이 그 역할을 할 수 있다."

"이 지역의 청년센터는 중간지원조직이라고 표현하고 다른 곳들은 수행기관이라고 표현한다. 청년센터나 다른 수행기관이나 민간위탁 방식으로 운영되다 보니 수행기관들도 차이점을 인지하지 못하거나 청년센터의 위상 정립과도 관계된 어려움이 있다.

청년센터는 직접적으로 지원사업 중심으로 세팅되어 있지 않

다. 초기에는 '청년'이라는 명칭이 붙은 모든 사업을 청년센터
가 담당했지만 갑자기 최근 1~2년 만에 일, 교통, 주거 지원 등
다양한 청년정책이 생기면서 그 사업들을 신속하고 쉽게 운영
하는 방식을 선택하는 과정에서 모두 민간위탁으로 운영하게
되었다. 그게 공무원이 선택한 방식이었다."

"우선 사업을 확장하는 방식을 선택한 것이다. 그러다 보니
지금도 이 문제가 해결되지 않고 계속 반복되고 있다. 즉 중간
지원조직의 역할과 각 수행기관의 역할이 분명하게 구분되지
않다 보니 계속 갈등이 반복된다. 다른 지역에서는 중간지원
조직이 모든 것을 담당하는 것으로 알고 있다.
　그렇게 행정이 신속하게 주도적으로 추진하다 보니 겉으로
는 굉장히 확장되고 커졌는데 사실 안에서 보면 반드시 지켜야
할 절차나 내용들이 지켜지지 않은 부분에서 발생하는 문제가
많았다."

"물론 청년정책이 발전하는 과정에서 지역마다 선택하는 전
략과 방식이 조금 다를 수 있다. 이 지역이 모든 기관을 위탁운
영하게 된 것은 사업의 확장 속도가 너무 빨랐기 때문인지 아
니면 주체가 튼튼하지 않은 상태여서 그랬는지 행정 주도적으
로 정책이 세팅되는 과정이었기 때문인지 제대로 그 원인을 파
악하기 어렵다.

예를 들어 어떤 지역은 정책이 만들어지는 데 오래 걸리지만 청년 주도적으로 만들었기 때문에 행정이 자기 마음대로 가기 어려운데 여기는 행정이 자기 주도적으로 하다 보니 편한 방식을 선택하게 된 이유도 있을 것 같다."

"공공위탁으로 운영되는 (상대적으로 큰) 청년 지원을 위한 중간지원조직과 민간위탁으로 운영하는 우리 센터는 지향점이 미묘하게 다르다. 우리가 상대적으로 자유분방하다면 그쪽은 좀 더 경영화된 걸 추구하다 보니 청년을 바라보는 시각 자체가 미묘하게 살짝 다르다.

예를 들면 사회복지에서도 예전에는 수혜자라는 말을 많이 쓰다가 요즘에는 쓰지 말라고 권고하여 대상자나 이용자, 참여자라는 말을 쓰는데, 그쪽은 아직도 수혜자라는 말을 더 좋아하는 상태에 머물러 있는 듯한 뉘앙스가 있다. 그들의 눈에는 여전히 청년이 수혜자에 불과한 것이다."

이러한 역할과 범위의 모호함은 조직 내부에서도 발견된다. 중간지원조직에 근무하는 직원들의 정체성 파악도 제각각인 것이다. 활동가라는 표현에 대한 반발도 있다. "왜 우리한테 활동가를 요구하는가", "도대체 활동가가 무엇인가"라는 의문과 한편으로는 "나는 그러려고 들어온 것이 아니다. 그러나 좋은 일을 한다는 의미에는 공감할 수 있다"는 식의 반응이 섞여 있다.

"우리 조직에서는 올해에 직원 대상 교육을 진행했다. 그 과정에서 어떤 직원은 여기서 바라는 사람의 상이 될 수 없다고 하면서 그만둔 경우도 있다. 운영팀이면 인사 노무만 하면 되는데 왜 나에게 청년에 대한 감수성과 정책에 대한 이해까지 요구하는지 모르겠다, 이렇게는 일 못한다며 그만두었다.

다른 편에서는 청년을 만나려고 들어왔는데 왜 청년은 못 만나게 하고 책상에만 앉아 있어야 하냐는 요구도 있다.

이런 문제가 발생하지 않기 위해서는 중간지원조직의 정체성에 대한 좀 더 명확한 정립이 필요하다. 그런데 진짜 아무것도 없다 보니 변화가 싫고 이런 게 불편하고 맨날 왜 그러는지 물어보고 하는 과정이 반복된다. 열심히 일하고 있지만 어디로 향하며 일하고 있는가가 불분명하다 보니 자기만족도 떨어질 수밖에 없는 상황이다."

한편에서는 현장과 가깝고 많은 적극적인 청년을 만날 수 있다는 기회가 정치적 자산이 될 수 있기 때문에 정치화될 수 있는 지점을 경계하기도 한다.

"청정넷과 청년지원센터는 교류나 사업을 위한 정기 회의를 하고 싶은데 (청정넷의) 정치화가 너무 심하다. 초기에는 청정넷이 정책제안 같은 기능 위주의 조직이어야 한다고 강조하는 분위기였다. 그런데 어느 순간부터 타 지역 청정넷과 MOU를

맺는 거나 행사에 방문하거나 간부 자리에만 열중하며 명함을
뿌리기만 하는 등 정치화되기 시작했다. 올해는 좀 달라서 프
로젝트를 준비하면서 보니 정치색이 많이 빠졌다."

여전히 중간지원조직의 위상은 아슬아슬하다. 이는 서울도 마
찬가지이다. 민간위탁조직으로서 지자체의 대행기관이나 마찬가지
인데 매우 공격적인 행정감사를 받을 때도 있다. 이럴 경우 중간지
원조직의 정체성이 흔들린다. 누구를 위한 기관인가를 생각하게 되
는 대목이다.

"중간지원조직은 어렵다. 욕먹는 조직이다. 민간에서도 행정
에서도."

"행정기관과 청년지원센터의 관계가 너무 종속적이다. 잡다
한 일을 청년지원센터에 시키고 정작 센터가 무슨 일을 하고자
하면 비협조적으로 나온다."

"시의회가 중간지원조직을 밀어주지 못할망정 국정감사 하
듯이 행정감사를 한다."

광역과 기초 단위의 구조적 차이

일반 시민조차 광역지자체는 매우 관료화되어 있고 나와 멀다고 느낀다. 기초지자체 정도는 되어야 사람과 직접적으로 관련 있다고 생각하는 것이다. 중간지원조직 역시 광역 단위보다는 기초지자체 단위에서 운영하는 것이 좋고, 대하기도 편하다고 평가한다. 문턱은 낮을수록 좋다는 당연한 요구이다.

"광역 단위에서 운영하는 청년센터의 기능이 명확하지 않다보니 실적 올리기를 위해 기초단위센터와 사업 중복성 문제도 발생한다. 복지관처럼 공간 이용자 수에 주목하는 경향이 똑같이 나타난다.

사실 성과라고 하면 그냥 마음 편히 전화해서 부탁하는 청년이 많아졌다는 거다. 특별한 부탁도 아니다. 그냥 편하게 연락하는 거다. 뮤지션들이 무대가 없다고 하면 결혼하는 사람들 축가를 연결해줄까, 카페에 공연을 보내드릴까 고민해서 계속 자리를 만든다.

앞으로 고민해야 할 과제는 센터의 기능을 보다 명확히 해야 한다는 것이다. 사실 광역은 대부분 서울처럼 정말 명확하게 수당이나 이런 지원사업 형태를 좀 더 많이 해야 하는데 교육이나 프로그램을 계속하고 있으니까. 사실 교육, 프로그램을 해야 하는데 특정 지역에서만 할 수 없으니 다른 지역을 가야 하고, 거기에 가보면 청년이 없고 등록되어 있는 사람은 대부분 대학생과 유학생뿐이라 또 다른 지역에서 온 경우가 많은 이런 식의 이슈가 계속 발생한다.

그래서 광역과 기초에 대한 개념을 좀 명확히 할 필요가 있다. 그리고 앞으로 더 큰 과제는 행정이 청년정책에 더 관심을 갖게 해야 한다는 것이다. 전혀 관심이 없다."

"광역 단위보다 구 단위나 동 단위의 청년지원센터가 있어야 청년의 삶과 좀 더 밀착될 수 있어서 효과적인 것 같다. 실제로 이 지역(○○시)에서도 구 단위 청년지원센터가 만들어지고 있는데 지역마다 차이가 있다. 어떤 곳은 창업지원 중심이고 어떤 곳은 공간 운영 중심이다."

청년활동의 매개자

청년지원기관이 수행하길 기대하는 다양한 역할과 정체성에 고민이 있을 수 있지만, 그 과정에서 변하지 않는 역할 중 하나는 청년 당사자의 활동을 지원하고 매개해야 한다는 점이다.

"청년지원기관, 중간지원조직은 문제를 완전히 해결하는 기관이 되기는 어렵다. 청년센터에서는 청년이 문제해결 의지를 갖게 하고, 고립된 행위자가 아니라 사회적 행위자라는 것을

로컬에서 청년하다

인식하게 하는 문화를 형성하고자 한다.

센터 사업은 규모가 크지는 않지만 종류는 엄청 많다. 500만 원짜리 프로그램을 15번 하는 식이다. 전략적으로는 많은 사업을 하면서 센터를 알리고자 했지만 실제로는 사업지원기관들을 안내하고 연결해주는 역할을 주로 하게 된다."

"사명감과 마인드이다. 활동가들이 이 일은 내가 하고 싶어서 하는 일이라는 생각을 가졌으면 좋겠다. 그래야 그다음에 생기는 것이 감수성이고 청년들을 어떻게 바라볼 것인지 가치관이 만들어지게 된다.

결국 사람이다. 계속 그걸 함께하는 사람들이 고민하게 만들어주는 그런 조직문화면 좋겠다. 우리도 매일 회의할 때마다 싸운다. 자기 일에 대한 자신감도 있고 자존감도 있기 때문에 의견을 강하게 제시하는 것이고 어느 정도는 기본적으로 그런 생각도 필요하다는 것을 이해한다.

그러나 활동가들은 자기가 하고 싶은 일을 하는 것이고 중간지원조직 실무자들은 위험성을 컨트롤하는 역할을 한다. 이런 역할을 할 수 있으려면 업무에 대한 이해뿐만 아니라 마인드와 사명감 같은 실무자의 내적 감수성이 더 중요한 것 같다."

행정과 마주하다

　지역에 사는 청년 개인이 가장 먼저 만나는 정부 조직은 시군구·읍면동 단위의 기초지자체일 확률이 높다. 물론 개인으로서의 청년이 정부 지원에 대한 상담 등을 위해 가장 먼저 만나는 정부기관은 중간지원조직인 편이고, 광역·기초지자체와 만나는 것은 청년단체나 청년지원 중간지원조직인 경우가 대부분이다. 즉 대체적인 정책의 흐름은 개인 → 중간지원조직 → 기초/광역지자체 혹은 중앙정부의 관련 부처가 되는 것이다.

[그림 1] 청년지원정책의 흐름

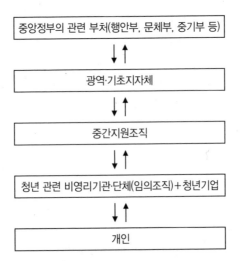

[그림 1]에 나온 흐름대로 기관마다 미션과 역할이 분명하고 기관별로 정확한 규칙과 체계적인 위계가 있다면 그나마 이런 흐름 자체가 형성되어 있으니 별문제 없이 괜찮은 상황이라고 평가할 수도 있다. 그러나 현실은 그러하지 못하다.

정부사업 중심의 청년 대상화

가장 본질적으로 관계 구조의 문제가 있다. 지방자치제도 30년의 역사에도 불구하고 중앙정부와 광역·기초지자체의 관계는 결코 대등하지 않다. 가장 단순한 근거는 돈 문제이다. 광역·기초지자체의 재정자립도는 언제나 60%를 넘지 않는다.

그마저도 2021년 코로나 상황이 되면서 재정자립도 평균 50%선이 무너져버렸다. 사정이 이 정도가 되면 평균이 이런 것일 뿐 실제로는 자립도 30%도 성취하지 못한 지자체가 과반수라는 의미이다.

이런 상태에서 지자체는 당연히 국비 사업 유치 경쟁에 뛰어들 수밖에 없다. 광역·기초지자체가 중앙부처의 새로운 사업만 바라보게 되는 것이다. 한편 중앙부처는 사업비 대비 성과가 나와야 하므로 도나 시에 가시적인 성과를 요구한다. 세금이 허투루 쓰이지 않는다는 것을 증명해야 할 뿐만 아니라 사업 목적에 부합한 성과를 어떻게든 내야 하는 상황이 된다.

맨 위에 있는 중앙부처와 광역·기초지자체의 관계가 이러한 정도의 상태라면 그다음의 청년지원 중간지원조직이나 비영리기관과의 관계는 더더욱 종속적이 될 확률이 높다.

[그림 2] 연도별 전국 지자체 평균 재정자립도

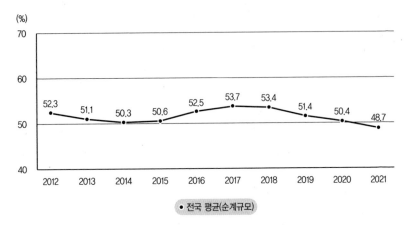

＊자료: 행정안전부. 2021. 『2021년도 지방자치단체 통합재정 개요』.
(e-나라지표: http://www.index.go.kr/potal/main/EachDtlPageDetail.do?idx_cd=2458,
검색일: 2021. 6. 30.)

청년 개인의 입장에서는 위에 또 그 위에 너무 많은 '형님(기관들)'들이 있어서 그 형님들의 사업 목적이 청년 개인의 니즈와 맞아떨어지게끔 하기가 너무 힘들 뿐만 아니라 지원금이라도 받아서 쓰려면 익숙하지 않은 행정 논리와 방식에 휘둘려 준공무원과 같은 역할을 하게 된다. 이런 (조직 구조상의) 쓰나미에 휩쓸리다 보면 어느샌가 자기가 하고 싶은 일이 무엇이었는가를 잊어버릴 정도의 행정 피로감에 지치게 된다.

로컬에서 청년하다

분명 2000년대부터 정부는 청년을 중시하고, 지원 대상으로서 사업을 배정했고, 앞으로도 그럴 수밖에 없는 상황인데 이렇듯 꼼짝 없는 구조 속에 갇혀서 정부에 대한 비난과 불신이 심화되는 상황이 한 축을 형성하고 있다. '청년 중심의 정부사업'이 아닌 '정부사업 중심의 청년 대상화' 현상이 바로 이 지점에서 출발한다.

"이 지역의 청년들은 고등학교나 대학 진학 때문에 이쪽에 와서 취업을 위해 잠시 머물다가 취업이 안 되면 다시 고향으로 돌아간다. 근데 등본상으로는 완전히 옮겨져 있지 않은 청년 세대들이 굉장히 많다. 그런 청년들을 주소지 중심으로 정책 대상에서 포함하거나 배제하는 경우에 문제가 발생한다. 시 인구 정도는 도 단위에서 포함할 수 있는 여지도 있을 것 같다.

한편으로는 생활권 반경으로 묶어서 정책 대상을 통합했으면 좋겠고 자산 동선도 그렇게 갔으면 좋겠다. 청년들이 굉장히 자유롭게 움직이고 있는데 정책은 너무 예전의 시선에 머물러 있는 것이 문제이다.

어느 지역에 가든 주거나 수당 등에서 동일한 서비스를 받을 수 있는 몇 가지는 필요하다. 따라서 기본 서비스와 지역 특화 서비스 한두 개 정도를 엮어서 서비스하는 것이 훨씬 더 효율적일 것 같다."

거버넌스 방식의 청년정책 컨트롤타워 부재

청년정책 거버넌스는 조례에 근거해 해당 지자체의 청년정책 계획, 결과를 심의하거나 의결하는 청년(정책조정)위원회, 거버넌스의 민간 파트너로 기능하기도 하는 청년 당사자로 구성된 청년정책네트워크 외에도, 지자체가 필요에 따라 조직하는 청년참여단, 청년기자단 등 지자체의 거버넌스 실행 의지나 청년 주체의 정책 참여 준비 정도에 따라 매우 다양하게 펼쳐진다. 그러나 지자체는 거버넌스 방식을 여전히 어색해하고 있으며, 청년들은 컨트롤타워가 없기 때문에 제안한 정책이 집행되는지를 확인할 곳을 찾기 어려운 상황이 반복되고 있다.

"이 지역 청년정책의 역사가 6년 정도 되었는데 여전히 청년정책 컨트롤타워가 없다. 전체적 구조를 조망하며 역학 관계를 고민하고, 정책 연계를 위해 노력하거나 사각지대를 발견하는 활동을 해야 하고, 연구도 해야 하는데 그런 기구가 없다."

청년정책 거버넌스는 너무 형식적이기 때문에 실질적인 믹스 앤 매치(mix & match)는커녕 번번이 미스매치(mismatch)로 귀결되는 경우가 많다. 형식적인 주체 참여 정도만 요구할 뿐 적극적으로 실질적인 의견 반영 노력을 하지 않는다. 그렇게 뻔한 자리가 지속될 것을 알면서도 '혹시나' 하면서 참여하고 '역시나' 하며 되돌아오는 쓸쓸한 참여가 이어진다.

"청정넷은 시장 직속 참여기구이다. 그러나 특정인 몇 명만 모이고 제대로 운영된 적이 없다. 민주적으로 운영되지도 않았고 소통하지도 않았다. 그러자 시장 직속의 상위 기구를 청년지원센터가 운영하게 하였다. 그렇게 하면 된다 안 된다는 실랑이 과정만 몇 년이 걸렸다. 거버넌스 자체가 실종된 형국이다."

"기구가 너무 많아서 어디에서 무슨 결정을 하는지 파악하기 어렵다."

"각종 단체들과 지자체가 만날 수 있는 자리가 없다. 만나야 논의가 진행될 텐데 아예 그럴 기회가 마련되지 않는다."

행정의 무관심, 청년 전문 부서가 없다

초기의 청년정책은 대부분 관공서에서 일자리나 복지 관련 부서에서 다루었다. 청년을 노동력이나 취약계층으로만 파악했기 때문이다(심지어 아동청년과나 교통과에서 담당한 경우도 있다). 청년정책 자체의 복합성에 대한 이해도가 매우 낮다는 것을 알 수 있다.

"지역청년센터의 특징은 지역마다 다르다. 행정기관과 일하다 보니 그에 맞춰서 문화도 다르고 청년조직단체들이 활성화되어 있는 곳이냐 아니냐에 따라 차이도 크다. 물론 공통사업 비중이 가장 크긴 하지만 행정기관과의 거리가 어느 정도냐에 따라 센터 활동의 특징이 달라진다. 행정기관에서는 무관심한 건지 별로 연락도 없다."

"기존 일자리정책과의 청년정책팀에서 하고 있는 사업에 모든 청년사업들을 그냥 붙여놓은 거에 불과하다. 제안을 해도 피드백도 전혀 없다."

"청년정책 전담 부서를 아무 과에서도 받고 싶지 않다고 했다. 해보지 않은 일이고 지역에서는 청년에 대한 신뢰가 없어서 청년 부문은 그렇게 환영받는 정책 영역이 아니다."

청년을 소외시키는 앙상한 위원회

구색 맞추기처럼 위원회가 설치된 경우도 있다. 그러나 들러리와 같은 자문기구 정도에 머물 뿐 실효성을 기대하기는 어려운 상황이다. 그마저도 지역 내에서의 연줄에 의한 폐쇄적 소통에 머물러 청년의 목소리를 낼 수 있는 기회마저 부족하다. 소통 방식의 개선이 절실하다.

"사실 위원회의 역할이 별로 없고 1년에 두 번 만나서 이야기하는 수준이다. 그런데 지역에서 활동이나 정책 영역에 등장하는 사람이 없으니까 위원들에게 정보가 제일 먼저 도달한다. 사업 참여와 사업 홍보를 부탁받게 되는 것이다. 그러다 보니 위원 직함으로 움직이는 사람들이 대부분의 정보를 갖고 네트워크의 핵심이 된다.

행정에서 그런 역할을 기대하는 면도 있고 지역 주체의 절대수가 모자라서 그런 면도 있다. 결과적으로는 많은 사람을 모아서 의견을 듣고 조정하고 조직하는 방식이 익숙하지 않다는 것이 지역 소통 문화의 폐단인 것이다."

"청년창업공간을 조성하겠다고 건물을 몇 개 확보해서 청년을 수십 명 모았는데 지금은 5명만 남았다. 나도 초기에 관심 있어서 갔다. 그런데 퍼실리테이터를 초빙해봐야 결국은 모두 지역 내에서 아는 사람들뿐이다. 도시처럼 잘 모르는 사람이 오는 게 아니라 부모, 친인척, 지역 유지처럼 자기 기반이 있는 사람들이 와서 청년의 입장과 완전히 다른 요구를 한다.

행정의 소통 방식도 공식적으로는 협의체, 위원회 등이 있지만 이들과 공식적으로 투명한 소통을 하는 것이 아니라 자기들이 의사소통하기 편한 사람들과 뒤로 소통한다. 조직화나 논의 과정을 피곤하게 생각하는 것 같다. 그 결과 협의도 안 되고 이해도 잘 못하는 악순환이 반복된다."

선출직 단체장의 목적에 따라 요동치는 청년정책

선출직의 관심사에서 청년 부문은 여집합에 불과하다. 청년정책은 아직 역사가 짧다. 행정에서도 아는 사람이 별로 없고, 중앙정부의 가이드라인도 명확하지 않은 것이 많다. 지방정부 조례를 기반으로 성장한 청년정책의 뿌리는 지방선거에서 당선된 단체장의 관심 정도에 따라 흔들린다.

"가장 큰 문제는 선출직이다. 선출직은 정확히 자기의 필요를 갖고 있기 때문에 (공무원보다) 설득하기가 더 힘들다. 지금 시장님은 문화사업에만 관심 있다. 어차피 그 안에 청년 파트가 들어가 있으니까 그렇게 생각하시는 것일 수도 있고 한편으로는 4년 시정의 성과가 청년 부문에서 잘 나오지 않을 것이라고 생각해서 그럴 수도 있다. 괜히 잘못 건드렸다가 욕만 먹는 부문이 청년 부문일 수도 있다. 나름대로 재선을 위한 성과가 필요할 것이라고 추측해보기도 한다. 선출직 입장에서는 그런 필요가 당연히 있을 것이다."

너무 먼 행정

이렇듯 행정과 청년의 접점은 그리 많지 않다. 오히려 매우 희소하다. 우리 사회에서 행정과 정치는 여전히 현실과 매우 동떨어져 있고 신뢰하기 어려운 존재로 남아 있으며, 청년들도 그렇게 느끼고 있다.

"청년들이 활동하고 있지만 행정과 접점이 없다. 행정 자원을 활용하는 건 되게 중요하다고 보는데 그런 걸 누리지 못하고 있다. 그러니까 당연히 정책과 멀어질 수밖에 없고, 정책은 결국 행정 자원을 활용하는 것에 달려 있는데 소수의 청년만이 그것을 취하고 있다. 실제로는 개인사업에 활용하면서 겉으로는 청년사업을 했다는 명분 과시 정도로 끝난다."

"청년을 대표해서 이야기할 사람이 없으니까 마치 사막에 씨 뿌리는 것과 같은 심정으로 토론회든 간담회든 행정 속에서 청년 이야기를 할 수 있는 자리가 있을 때마다 계속 이야기를 하는 거다."

"만나는 청년마다 물어보면 돌아오는 대답은 '내가 청년인가요?'이다. 그런 질문을 처음 받아보기도 했거니와 일반적으로 그냥 자영업자, 직장인, 주부 이런 식의 직업으로만 스스로를 인식한다.

그러다 보니 자영업자는 월세 지원이 필요하고, 농업인은 행정서류를 작성할 시간이 없으니 행정 간소화가 필요하다. 직장인은 문화생활에 대한 갈증이 크다. 주거는 어떤 직종이든지

항상 이야기하는 문제이다.

그러면서 개인이 시에 요구하면 들어주지 않을 거라는 불신이 굉장히 확고하다. 사업계획서 작성 경험도 거의 없어서 누군가 옆에서 도와주지 않으면 행정서류 양식을 채우는 것도 굉장히 어려워한다."

그래도 청년과 만나는 기회를 만들고, 그들과 소통하여 제도 개선을 이루고자 한다면 구 단위보다는 동 중심의 통로가 필요하다. 생활 현장과 가깝기 때문이다.

"청년 주민으로서 주민자치위원회에 들어갔는데 정보를 파악하기 어려웠다. 어르신들이 알려주지 않아서 결국은 밀렸다. 그래서 동 소식은 전혀 모르고 시 소식만 찾아서 보는 정도이다."

양적 성과평가지표 편향성

중앙정부의 사업은 그 목적이 매우 다양할 수 있다. 중기부 중심이면 더 좋은 수준의 더 많은 창업 성과가 나와야 하고, 문체부 중심이면 지역의 문화적 수혜자가 많아야 하며, 행안부 중심이면 보편적으로 더 많은 지역 확산이 이루어져야 한다.

물론 일반 시민이 각 부처의 성취 목적을 인지하고 있는 편은 아니다. 일단 정부사업은 명칭으로만 인식될 뿐이며, 아무리 정권이 바꾸어도 명칭만 달라질 뿐 성과 대잔치를 위한 요란한 홍보라고 생각하며 그 안에 어떤 의미가 있는지 깊게 이해하지 못한다.

그것은 일반 시민의 문해력이 낮아서가 아니라 여러 정책과 사업이 완벽한 논리의 문서에도 불구하고 결국 원하는 것은 양적인 성과일 뿐임을 이미 오랜 경험을 통해 충분한 암묵지로 축적해왔기 때문이다.

따라서 어떤 정권이 무슨 정책과 사업을 전개하든 (그나마 조금이라도 정책과 사업에 관심 있는) 일반 시민 입장에서는 "알겠고… 성과만 갖다 주면 되는 것 아니냐"라는 식의 태도를 보일 수밖에 없다. 국가에서 사업비가 내려왔는데 우리는 이렇게 많은 고용을 했고, 이렇게 많은 수혜자가 발생했으니 그걸로 할 역할은 다했다는 식으로 상황이 종료되는 것이다.

> "행정이 청년정책에 관심을 갖게 하려면 어쩔 수 없이 원하는
> 성과를 계속 내줘야 한다… 딱히 원하지는 않지만 국비사업을
> 얼마나 매칭시켜 왔는가가 공무원의 성과가 되고 사실 행정의
> 관심은 그 성과밖에 없다. 그래서 특히 더 청년정책을 성과 내
> 기 좋은 부문이라고 생각하는 것 같다."

이러한 맥락과 지점에서 KPI(Key Performance Index, 성과평가지표)의 내용이 문제가 된다. 요즘에는 질적인 성과평가지표도 많지만 현장에서는 여전히 양적 성과평가지표가 압도적이다. 민원에

시달리지 않으며 모두를 설득할 수 있는 가장 효과적인 명분이기 때문이다.

성과를 내야만 한다는 성과 압박은 행정을 타고 개인까지 이어진다. 공무원만 성과 압박을 느끼는 것이 아니게 된다. 우선 성과 압박에 직면한 공무원은 중간지원조직 위탁운영기관에 성과를 요구하게 되고 그러면 중간지원조직도 사업 수혜자인 개인과 단체에 일정 정도 성과를 요구하게 된다. 그렇게 '성과 압박의 먹이사슬'이 형성된다.

성과 압박을 느끼는 것을 사업에 대한 책임감이라고 애써 이해할 수도 있다. 그러나 이런 먹이사슬 형성 과정에서 쉽게 도외시하는 것은 '태도'이다. 왜 성과가 필요한지, 성과를 내면 사회에 어떤 도움이 되는지, 좋은 성과를 내면 이후에 수혜자에게 또 다른 인센티브라도 주는 것인지 전후 맥락에 대한 설명을 좀 더 보완할 필요가 있다.

'돈을 받았으니 성과를 내는 것이 당연한 것 아닌가' 하는 논리는 일방적으로 상대를 채근하는 논리로만 앙상하게 남는다. 그 결과 '갑질'이라는 표현을 쓰면서 서로 적대하게 되는 부작용이 발생한다. 혹은 지원사업과 보조사업을 절대로 받지 않겠다는 결심까지 하게 되는 상황이 되어버리기도 한다.

"많은 지원사업이 관공서에서 직접 하기보다는 재단에서 하는 경우가 많은데 그러다 보니 재단들이 행정보다 더 관료화되는 경향도 나타난다. 매년 예산이 백억 가까이 풀리다 보니 그

곳에 지원하는 청년들이 갑질에 시달리는 문제도 발생한다."

"지역사회 활동을 지원하는 행정의 도움이 필요하긴 하다. 그런데 행정이 들어가면 절차나 시스템에 맞춰 결과물이 나와야 한다. 그 과정에서 사업을 운영하는 사람들이나 이걸 맡아서 해야 하는 청년들이 많은 스트레스를 받는다.

그런 문제를 해결하기 위해 중간지원조직이 필요하다. 그리고 한편으로는 현재의 빡빡한 지원사업 시스템이 좀 유연해졌으면 좋겠다. 영수증 챙기기, 결과보고서 만들기, 중간 점검 대비 등에 많은 시간이 들다 보니 원래 하고 싶었던 커뮤니티 활동을 할 수 있는 에너지가 소진되는 느낌이다."

"정부지원사업은 필요하면 적당히 받아서 쓰는 정도이다. 피로감이 있기 때문이다. 그래서 되도록 행정에서 하는 공모사업을 잘 안 하려고 한다. 가급적이면 알아서 하거나 민간에서 어떻게 해보려고 한다."

"지역에 청년창업 인구가 늘긴 했는데 1~2년이 지나서 받던 지원금이 끊기면 어떤 정책의 어떤 요구에 부응해야 할지 모르겠다며 힘들어한다. 보조사업에 눈뜬 친구들은 그것만 쳐다본다."

"어떤 담당 공무원은 책 만들기든 뭐든 다 좋은데 정치적인
내용 빼고 지역 이야기만 넣어야 지원해줄 수 있다고 했다. 그
말을 듣고 별 고민 없이 거절했다. 우리가 이런저런 일을 많이
하다 보니 다른 사람들은 보조사업을 많이 받았다고 생각하
는데 사실 보조사업을 받지 않았다."

순환보직제는 누구의 잘못인가

공무원 순환보직제는 한 사람이 한 업무를 오래 담당하면서
발생할 수 있는 부패를 방지하고, 공무원의 종합적인 업무 능력을
향상시키기 위해 도입한 제도이다. 혹은 적절한 인사이동을 통해 승
진의 당위성을 제공하기 위한 수단으로 쓰이기도 한다.

그런데 청년단체나 중간지원조직 실무자 입장에서는 담당자
가 자주 바뀌면 담당자의 성향에 따라 모든 것을 새로 설명해야 하
는 행정 피로감이 극에 달할 수도 있다. 모든 것이 리셋되는 어이없
는 경우도 발생한다. 법과 행정은 정확하지만 사람이 하는 일이니
만큼 공무원 성향도 변수로 작용할 뿐만 아니라 무엇보다 언제나
공무원의 정책 관심도가 너무 낮다는 비판이 제기된다.

"사업 예산을 1,900만 원 받았다. 원래 시의 담당과에서 주
는 예산인데 민간재단법인에 위탁을 맡겼다. 우리는 그 법인에
서 하는 모든 교육과 컨설팅을 받고 사업을 진행했다. 사업을

상반기에 시작했으니까 그 다음해 2월까지 하면 된다고 해서 알겠다고 했다. 예산도 2월까지 쓰면 된다고 이해했다.

'웬일로 이렇게 해주지'라고 생각했다. 그렇지 않다면 12월 중순에 연락이 와서 연말까지 돈을 다 쓰고 1월까지 정산해달라고 이야기해야 했는데 연락이 하나도 없었다.

다음해 2월이 됐는데 새로 바뀐 공무원으로부터 정산 서류를 달라고 전화가 왔다. 2월까지 돈 쓰는 거 아니냐고 그랬더니 12월까지 써야 된다고 말했다. 그전 공무원이 인수인계를 아예 안 하고 가서 이분도 2월이 되어서야 상황 파악을 하고 연락을 한 거다. 일부러 1~2월에 쓰려고 아껴뒀는데 결과적으로는 환수해야 할 돈이 1,000만 원이 넘게 되었다."

"새로 담당 주무관과 팀장이 바뀌어서 처음부터 다시 시작해야 하는 상황이다."

"사실 청정넷에서 제안하는 정책은 다 좌절되었다. 그중 하나가 청정넷의 기능과 조직에 대한 교육 커리큘럼을 만드는 것이었는데 지금도 안 되고 있다. 우선 담당 공무원이 지금까지 한 여섯 차례 바뀌었다. 청정넷 구성 자체가 그저 생색내기에 불과한 것이다."

일각에서는 디지털로 모든 기록이 남고 공개되는 상황이니 부패 문제는 쉽게 발견할 수 있으며, 어려운 공시를 통과한 인재가 공무원이니 종합적인 업무 능력은 자체적으로 향상할 수 있다고 반문하며 순환보직제의 효과를 비판하기도 한다.

1년에 2회 이루어지는 정기 인사 등으로 인한 잦은 순환보직제의 단점을 보완하기 위해 현재 실시되고 있는 제도로는 직위공모제, 필수보직기간제(2년), 전문직위제(3년 혹은 5년), 임기제 공무원제(민간 전문가 채용) 등이 있다. 순환보직제를 없애고 직무군 제도를 도입하여 정책 관료를 양성해야 한다는 파격적인 제안도 있다. 그러나 현장에서는 이 모든 대안이 제대로 시행되고 있지 않다.

행정과의 좋은 관계

물론 행정과의 관계가 언제나 갈등이나 문제로만 나타나는 것은 아니다. 협조적이고 능동적인 행정의 가능성이 전혀 없는 것은 아니라는 의미이다. 놀라울 정도의 전문성과 실행력으로 청년정책의 필요성에 공감하고 어떻게든 지원하려는 태도로 성실하게 소통하며 청년들이 잘 모를 경우에는 되게끔 지원을 아끼지 않는 개방적인 행정도 존재한다.

"2018년 4월에 시 주거복지과에서 사회주택사업을 준비하고 있었는데 청년들이 사회주택을 하면 어떻겠냐고 제안을 받아서 프로그램을 진행했다. 그러나 지역에서 갑자기 모인 청년들이 집을 만들 수는 없으니 서울의 민달팽이주택협동조합과 협업을 하고 싶다고 제안했다. 민달팽이주택협동조합도 지역 사례에 대한 의지가 있었고 시에서도 사회주택 성공 사례를 만들어보고 싶다는 의지가 있어서 세 주체의 합이 맞아 일을 신속하게 진행할 수 있었다. 그래서 공모에 선정되었고 일단 사회주택이므로 시에서 건물을 기본 20년간 장기 임대하는 방식으로 운영하기 시작했다.

당시에 행정이 무척 적극적으로 도움을 주었다. 행정적으로 어려운 것이 있으면 시에서 도와주고 지역 주거복지센터는 지역의 공사 업체를 찾을 수 있도록 지원해주었다. 즉 행정적 어려움을 행정이 해결해준 것이다. 사업을 추진하는 동안 행정에서 한 번도 행정적인 요구를 한 적이 없다."

"시 주거복지과와 소통이 잘되는 편이다. 거기는 담당자가 바뀌어도 개방적인 문화가 있어서 일단 우리의 요구를 들어주려는 분위기가 있다. 사실 다른 과를 대하는 것보다 주거복지과가 편하다."

정책과 조례를 만들고 싶다

제헌의회부터 21대 국회까지 '청년' 관련 제출 법안은 147개이고 이 가운데 144개가 2008년부터 제출되었다. 법안의 통과 여부는 차치하고라도 적어도 국가적 차원에서 제도적으로 청년에 관심을 쓰기 시작한 때가 2008년, 지금으로부터 13년 전이라는 의미이다.

이 시기는 IMF의 구제금융을 받은 지 10년이 지나며 실업률이 고조되고, 글로벌 경제위기가 전 세계를 강타하던 때였다. 당연히 대기업의 채용도 줄어들어 청년의 사회 진입이 불안으로 치닫던 시기였다. 그러니 국가정책으로도 대응이 필요했다.

13년간 144개의 법안이 제출되었다는 것은 1년에 평균 10개 이상씩 청년 관련 법안이 제출되었다는 것이다. 국회에 최초로 청년 관련 법안이 제출된 것이 2008년인데 서울시에는 4년 후인 2012년에 조례가 제정되었다.

대체로 통상적인 제도 생성의 흐름은 이러하다. 일단 법이 만들어진다. 그러면 제일 먼저 서울시에서 조례를 만든다. 그다음에 제법 발 빠른 지자체들도 움직인다. 별일 없이 그 흐름이 이어지면 어느샌가 하나의 독립적인 영역이 생긴다.

그러나 청년 관련 제도의 경우는 이 책의 서두에서도 밝혔듯이 2018년 인천을 마지막으로 모든 광역지자체에 청년기본조례가 만들어졌고, 그 사이 2020년에는 「청년기본법」이 제정되었다. 발 빠른 지자체의 경우에는 2016년부터 청년 관련 조례 제정이 완료된 상태이기 때문에 법에 맞게 개정을 해야 하는 상황이다(기초지자체 가운데 청년조례가 없는 경우는 청년인구가 부족해서 제정하지 못한 것으로 추정된다).

법은 제정되었는데 조례는 화석

조례를 빨리 제정했다는 사실만으로 모든 것이 해결되지 않는다는 점을 유념해야 한다. 너무 신속하게 만들어지다 보니 「청년기본법」에 있는 조항이 조례에 없는 경우도 많다. 제정 후의 후속 과제는 조례 시행 후의 효과 평가와 미비한 조항에 대한 능동적인 개정인 것이다. 즉 대부분의 지자체에서 청년기본조례를 만들고 있지만 다른 한편으로는 청년의 다양한 여건을 개선하기 위한 조례 제정은 더디게 진행되고 있는 상황이다.

또한 기본법이 시행된 지 1년이 조금 넘었으나, 법과 조례의 가시적이고 실질적인 제도 효과도 매우 부족하다. 그나마 유일한 변화라면 청년 전문 부서가 새로 만들어졌다는 정도이다. 행정만 유일한 수혜자인 상황인 것이다.

"이 지역에서 청년기본조례는 2015년인가 2016년에 만들어졌다. 그러나 어떻게 만들어졌는지 아무도 모른다."

"「청년기본법」 제정 후 청년정책 관련해서 지역에 생긴 변화를 체감하는 것은 없다. 행정의 변화만 있다. 조직이 하나 더 생긴 것이다. 지역의 청년기본조례를 찾아보면 개정된 적도 없다. 그런데 자꾸 빨리 만들어졌다고 자랑만 한다.

우리 지역은 조례를 빨리 만든 편인데 가장 늦게 만든 인천도 두세 번은 개정했다. 우리는 개정을 안 한다. 기본법에 담기지 않는 내용도 있으니 개정이 필요하다. 센터 운영에 대한 조례도 없다."

"「청년기본법」 제정 후 지역에서는 공무원들이 확실히 달라지긴 했다. 청년의 목소리를 듣는 것을 할 일로 인지하고, 청년정책을 해야 할 일로 인지하는 것 같다. 더 이상 청년의 목소리를 들어야 한다고 요구할 필요가 없어진 것이다. 물론 이게 반드시 법 제정 때문인지는 잘 모르겠다. 몇 년 동안의 경험이 쌓여서 변화한 것일 수도 있기 때문이다.… 법이 만들어졌다고 사회적 인식이 바로 바뀌는 것은 아니다."

"법이 제정되면 운영 원리 등을 사회적으로 알리는 후속 과정이 중요하다. 그리고 그 내용을 구체적인 사업으로 안착시

키는 것이 더 중요하다."

청년 당사자와 협업 없는 조례 만들기

더 중요한 것은 조례 만들기까지의 과정이다. 사회문제 해결을 위해 법이 필요하듯이 조례는 지역사회 문제해결과 환경 개선을 목적으로 한다. 지역사회의 문제는 공무원이나 행정이 일방적으로 판단하기 어렵다.

청년 관련 문제 역시 그러하다. 물론 대의자로서 광역/기초지자체 의원과 의회가 있지만 이들이 주민과 얼마나 가까운가, 주민자치위원회에서 주민자치회로 변환되는 과도기적인 상황에서 주민자치회가 청년문제를 얼마나 중요하게 다루고 있는가는 또 다른 문제이다.

따라서 청년 관련 조례는 청년 당사자들이 자율적으로 조례 제정에 참여할 수 있는 환경을 만들고 그들의 참여를 유도하는 것이 바람직하다. 당사자주의에 입각한 조례가 제정되어야 한다는 의미이다.

"지역마다 어떤 주체가 주도적으로 준비하느냐에 따라 청년
기본조례의 핵심 내용이 다르다. 사회적경제지원센터가 주축
으로 움직이면 일자리나 창업 중심 조례가 만들어진다."

"청년기본조례와 종합계획을 만들 때 민간의 개입이 많지 않았고 민간 주체도 거의 없었다. 다른 지역에 청년기본조례가 있었기 때문에 조항비교표를 만들어서 조례 내용이 빈약하고 창업과 취업 등 특정 분야뿐이라는 문제를 제기했다.

당시 우리 지역엔 청년일자리조례와 청년문화조례가 이미 있었다. 그런데 의회에서 청년조례가 그렇게 많이 필요하지 않으니 청년기본조례를 만들 거면 일자리조례와 문화조례를 없애거나 통합하라고 요구했다.

그 결과 일자리조례와 문화조례에 있던 조항이 그대로 들어와서 굉장히 기형적인 청년기본조례가 되었다. 지금도 그 흔적이 남아 있는데 예를 들면 갑자기 청년문화예술인을 정의하는 항목이 들어 있다."

"조례를 만들면서 청년의 나이를 34세까지로 하냐 39세까지로 하냐는 문제로 엄청 갈등했다. 결과적으로는 39세로 했다. 그러고 나서 다른 것들은 큰 문제는 없었는데 청년들과 문구 하나하나 이런 거 넣으면 안 되냐부터 시작해서 많은 논의를 했다. 예를 들어 우리는 교육에 대한 내용도 필요해서 교육학습권도 넣자고 했고, 청년건강검진도 중요한 문제라서 집어넣었다."

"지역에서 오랫동안 봉사활동을 한 청년이 있었는데 그 동네 어른들이 정말 많이 도와주셨다. 예를 들면 조례 제정할 때 위임을 할 수 있는데, 서명 위임을 99명이 해주셨다. 그중에 80여 명이 거의 지역 어르신이었다. 어르신들과 연계해서 도움도 많이 받았다.

예를 들면 조례 서명을 받기 위해 작은 행사를 준비할 때에는 반찬 가게 하시는 어머님들에게 밥을 얻어먹기도 하면서 소소하고 끈끈하게 커뮤니티가 이어졌다. 외부의 진정한 지원이란 그런 것들이 아닐까 한다."

"애초에 주민청구조례는 성공 사례가 적다. 청년정책조례 제정을 추진하면서 14,373명의 서명을 받았는데 해주신 분들 중에서 많은 분들이 그 내용을 인지하고 해주신 거라고 볼 수 있다. 청년 뭘 하는구나, 조례 만드는구나 이러면서 서명해주셨기 때문에 자연스럽게 청년정책 홍보가 이루어졌다. 흐름이 만들어진 거다.

굳이 주민 서명을 받았던 이유는 누군가 조례 제정 방식에 행정 발의, 의회 발의, 주민 발의가 있다고 소개해주었는데 주민 서명이라는 방식에 꽂혔기 때문이다. 논의 과정에서 누군가가 '안 할 이유가 없지 않아요? 그냥 합시다.' 그렇게 얘기하니 NO라고 얘기할 이유가 없는 느낌이었다.

막상 시작해보니 몇 명의 서명을 받아야 하는지도 모르고 있었다. 그리고 주민등록번호 뒷자리, 주소도 동 호수까지 받아

야 해서 정말 쉽지 않았다. '뭐하는 거냐, 개인정보 이렇게 수집
해도 되냐'라는 반응도 많았다. 그래도 서명 방식을 선택한 이
유는 어마어마한 대의보다는 우리가 가지고 있는 목표나 지향
점에 맞다고 생각했기 때문이다.

서명을 시작하고 첫 달에는 목표와 수치에 살짝 못 미쳤었
다. 총 6,125명을 받았어야 했고 첫 달 목표는 2,000명으로 잡
았는데 1,400명 정도의 서명을 받았다. 처음부터 무리인 목표
라고 생각하기도 했지만 한편으로는 1,400명이나 서명을 받
았으니 계속 뭔가 더 해야 할 것 같은 기분이 들어서 계속했고
결과적으로는 목표 서명 수치를 달성했다."

설치조례와 일자리조례 그 이상이 필요하다

지자체의 조례는 공간 설치나 일자리에만 초점이 맞추어진 사
례도 많았다. 그러나 청년의 삶 개선이 우선이니 만큼 일자리, 주거,
수당, 환경, 단체 지원 등에 대한 조례의 활성화가 절실하다.

"2015년에 지역에서 청년지원조례가 만들어졌을 때 주무 부
서는 '인재육성과'였다."

"인구일자리과가 담당하는 사업은 인구 증가가 목적이 아니
면 지원하지 않는다."

"지역의 모든 청년정책은 일자리 분야뿐이다. 위상이 높아진 청년정책 부서에서도 실제로는 일자리 관련 업무에만 몰두하고 있다."

"청년기본조례가 생겼지만 일자리조례 성격이었고, 담당 부서 역시 일자리과였으며 설상가상으로 공무원들은 새로 생긴 조례에 대해 잘 모른다고 답했다."

"청년 일자리 사업이 단기 일자리로만 나온 것에 청년들의 불만이 많다. 그 사업도 일단은 사회적 경제나 비영리단체 쪽으로 나갔는데 근로 실태가 너무 엉망이다…. 영세하거나 관리 방식도 부실하다. 예전에는 그 정도 규모로 고용할 수 있는 사업이 없어서 드러나지 않았던 문제가 이제 터지는 것이다.

오래된 비영리기관에 청년이 가서 이의를 제기하면 '네가 아직 이런 가치에 대해서 몰라서 그래'라는 식으로 무시해버린다. 국비사업을 받는 대부분의 기관에서 그런 일이 발생하고 있는데 이에 대한 모니터링이나 관리 체계가 없다."

"이 지역에서 청년 관련 이슈는 일자리 문제이다. 토박이 청년은 다 떠나고 인구수가 조금씩 줄어들고 있다. 그래서 무슨 테크 스쿨 같은 기술직 대상의 공공일자리 같은 것을 잔뜩 만들어놨다. 현재 청년정책 전체 예산 중 80% 이상이 일자리 사업이다. 나쁘지는 않지만 지역의 특색이나 강점을 반영한 산업에 대한 일자리 양성에는 고민이 없다. 오직 산업단지 관련 일자리에만 집중한다."

"공모사업에 이제 참여하지 않으려고 한다. 공모사업으로는 먹고살 수 없는 구조이기 때문이다. 따라서 나름의 자립적인 수익 구조를 만들어서 청년들하고 같이 먹고사는 방법을 찾고 싶다. 청년들과 진짜 활동을 많이 해보고 싶은데 청년들에게 월급을 주면서 할 수 있는 것도 아니고 공모사업에 인건비가 포함되어 있는 것도 아니니까 일을 같이 하면서도 좀 미안했다. 성취감을 주더라도 뭔가 물질적으로도 남는 게 있어야 하는데 그렇지 못하다. 이젠 그런 상황을 넘어서야 할 필요가 있는 것 같다."

"창업 관련 예산은 그만 뿌리면 좋겠다. 창업팀들은 지원금이 중요한 도움이 되겠다고 생각하기보다는 그 돈이 다 자기 돈이라고 생각한다. 창업 관련 예산이 4번 나오면 한 사람이 1년에 4번 받을 수 있다. 한번 했던 사람은 계속 지원하게 되어 같은 사람에게 집중되고 정말 필요한 사람에게 안 가는 것 같다."

"청년 커뮤니티가 청년으로 퉁쳐져서 생기는 어려움이 있다.

아무래도 커뮤니티 단위이다 보니 별도의 수익 모델이 있는 것
도 아니어서 재정적 어려움 때문에 다음 단계로 나아가지 못한
다. 별도의 지원이 있는 것도 아니고 협력 파트너를 찾기도 어
렵다. 이런 문제를 해결할 수 있는 커뮤니티 지원 조례가 있으
면 좋겠다."

로컬에서 청년하다

지역,
청년에게
기회를 허하라

연구팀의 전작인 『로컬의 진화』에서는 지역에 대한 편견, 지역으로 움직이는 U·J·I턴의 세 가지 흐름, 활동가가 활용하는 지역의 부존·발굴·창조 자원, 그리고 지역가치창업 과정에서 만나는 장애물에 대해 간략하게 소개하였다.

이 책은 『로컬의 진화』의 후속편의 느낌으로 좀 더 많은 지역과 좀 더 다양한 활동을 하는 청년의 이야기를 담았다. 그리고 전작에서 간략하게 다루었던 행정과 제도 비판 문제를 좀 더 깊게 다루었다. 그리하여 앞으로 「청년기본법」이 법 제정에 머무는 데 그치는 것이 아니라 지역 현장 구석구석의 삶을 개선하는 데 참고해야 할 '현실'을 알리고자 했다.

사람이 없다고 청년도 없는 것은 아니다. 소멸, 소멸 외치지만 '잘 소멸하는 법'이라는 표현도 있고, 소멸이든 생산이든 살 궁리를 모색해보자는 노력도 있다. 망하는데 더 빨리 망하게 손 놓고 있는 것도 못할 짓이거니와 망할 때 망하더라도 뭐라도 해보면 덜 억울하겠다는 생각도 있는 것이다. 이것이 지역 청년의 절박한 현실이다.

이 책의 핵심은 다음과 같다.

첫째, 지역 청년이 경험하는 현실을 좀 더 가까운 현장에서 직접 들어보라는 것이다. 사회 모든 영역이 그러하지만 지역 청년에 대한 제도적 대응이 과거와 같은 방식으로 이루어지는 것은 새로운 사회 변화를 포용하지 않는 구태의연한 방식이다.

둘째, '반성해라, 문제다, 고쳐야 한다'는 입장이 아니라 척박한 환경에서도 역동적인 일들이 진행되고 있으니 '관심을 갖고 지켜보자'는 것이다. 청년이라는 주체가 담보하고 있는 원칙적인 이미지는 역동적인 변화 가능성이다. 그러나 점점 사회에서 소외되는 계층으로 취급되고 있다. 이러한 악순환의 연결 고리를 끊어야 하는 시기마저도 이미 지나버린 느낌이다. 이제라도 늦지 않았으니 청년이 만드는 미래에 대해 사회가 진지하게 고민할 필요가 있다. 지역 청년이라는 사회적 존재에 대한 제대로 된 관심 없이는 더 좋은 삶의 질을 구현하기 어렵기 때문이다.

셋째, 느닷없이 갑툭튀처럼 출현한 청년 히어로 몇 명에 주목하기보다는 우리 옆의 청년들의 이야기에 주목할 필요가 있다. 우리의 삶에 필요한 것은 단 한 번의 대단한 전시효과(convention effect)

가 아니라 일상적인 연결효과(network effect)이다.

대한민국 국민 중에 완벽한 스펙을 장착하고 열광적인 지지를 받으며 맨 앞에 앞장설 수 있는 사람은 몇 명의 소수에 불과하다(누군가는 서울에서 태어난 것 자체가 이미 스펙이라는 시니컬한 이야기를 하기도 한다). 그들이 영웅이 되고 대중이 이들에게 열광하던 시대는 이미 지났다. 또한 대중은 충분히 똑똑해졌다. 그리고 내 삶이 좋아져야 사회나 국가도 존재 가치가 있는 것이라고 스스로 판단하게 되었다. 정보가 넘쳐나고 이야기가 넘쳐나는 시대에 어느 한쪽의 주장에 쉽게 휩쓸리는 상황은 더 이상 발생하지 않는다.

지역에 들고 나는 청년과 지역에서 사는 청년이 모두 똑똑하거나 투철한 목적의식이 있는 것은 아니다. 지역과의 긴밀한 조화는 여전히 부족하고, 지역에 제대로 된 공동체가 형성되어 있는가, 디테일이 끝내주는 체질 변화가 이루어졌는가, 그래서 청년과 지역 주민과의 끈끈한 연대에 의해 지속가능성을 기대해볼 수 있는가에 대한 대답은 아직 모호하다.

한편 왜 청년만 반드시 똑똑하거나 투철해야 하는가. 모두가 어느 정도 고민하고 어느 정도 망설이며 어느 정도 움직인다. 청년만 혹독한 삶을 살게 하는 것은 아닌가에 대해서 좀 더 생각해볼 여지가 있다.

그 누구도 아닌 청년

"과정에서 좌절할 수도 있지만 그냥 주저하지 말고 느끼는 그대로 행동했으면 좋겠다. 어떤 청년이 일자리가 없어서 창업을 선택하게 되었다. 그리고 창업 과정에서 행정의 비효율성을 뼈저리게 느끼게 되었다. 그런데 부당함에 대해 터트리려고 하다가 억지로 참았다고 했다. 그런 사실이 소문나면 작은 지역사회에서 불이익을 당할까봐 걱정했던 거다.

그러나 한편으로는 그 친구가 입을 연다고 해서 엄청 피해를 보는 것도 아닐 텐데 한번 터뜨려봐도 좋을 것 같았다. 결국 그냥 본인 사업을 철회하는 것으로 마무리 지었는데 만약 이야기했다면 그 친구한테는 큰 경험이 되지 않았을까. 당장은 성과가 안 보이더라도 언젠가는 주변 사람들 혹은 사회가 알아줄 수 있는 기회가 될 수도 있기 때문이다. 그리고 힘들거나 지치면 주변 사람들한테 도움을 요청해야지 가만히 있으면 안 된다."

제발 A. S. A. P

청년은 긴 인생의 마라톤을 하고 있다. 마라톤을 전력 질주하든 달팽이처럼 우직하게 가든 각자의 자유로운 선택이라는 여지가 있다. 반면 행정은 여지없이 1년 사업의 100미터 단거리 질주를 하며 속도만 재고 있는 형국이다.

물론 마라톤을 100미터 전력 질주로 주파하는 우수한 선수들도 간혹 있기는 하다. 그러나 일반적으로는 극히 예외적이다. 긴 호흡으로 변화하는 시대와 가치를 조망하려는 노력을 인정하지 않거나 폄하만 하기 때문에 실제로는 불필요한 많은 갈등이 일어나고 있다.

단일의 목적 달성을 위해 숨 가쁘게 몰아치며 살던 생활 방식은 조금씩 변하고 있다. 지금 우리에게 필요한 것은 'As Soon As Possible'이 아니라 'As Slow As Possible'이다. 산업사회로 대표되는 근대사회에서는 빠름(soon)이 추구해야 할 가치였다면, 연결로 대표되는 지금의 네트워크 사회에서는 '느림(slow)'이 추구할 수 있는 가치이자 삶의 질을 확보할 수 있는 방식이 되어야 할지도 모른다. 그러나 단지 속도를 늦추는 것뿐만 아니라 변화와 요구를 기꺼이 품으려는 포용력도 필요하다.

당연히 이 책에 나온 이야기들이 전국 모든 청년의 의견을 대표할 수는 없다. 일부 청년의 의견일 수도 있는 것이다. 그래서 모든 지역의 고유명사를 표기하지 않았다. 오랜 시간 인터뷰에 응해준 지역 청년들에게는 소중한 인터뷰 내용을 충분히 담아내지 못해 정말 죄송하지만 행여 예기치 못한 불이익을 당할 가능성을 방지하기 위해 누가 발언했다는 것도 표기하지 않았다.

다만 인터뷰에 응해준 청년들은 우리의 질문에 답한 것이고 우리는 그 사실을 잘 정리하고자 노력했다. 이것만으로도 이 책의 완성은 모두 인터뷰에 응해준 청년들 덕이라고 할 수 있다. 또한 내용에 혹여 편향이 있다면 이는 전적으로 필자들의 책임이다.

로컬에서 청년하다

도움주신 분들

기현주, 김규식, 김설, 김정우, 김창하, 남은진, 서난이, 신재윤, 엄창환,
오석조, 오윤덕, 윤정성, 이해림, 임경식, 지현탁, 하진용

로컬에서 청년하다

ⓒ 류석진·조희정·정현미

초판 1쇄 인쇄	2021년 8월 13일
초판 1쇄 발행	2021년 8월 20일
지은이	류석진·조희정·정현미
펴낸이	서복경
기획	엄관용
편집	이현호
디자인	와이겔리
펴낸곳	더가능연구소
등록	제2021-000022호
주소	04003 서울특별시 마포구 잔다리로 111(서교동), 401호
전화	(02) 336-4050
팩스	(02) 336-4055
이메일	plan@theposslab.kr

ISBN 979-11-975290-4-7   04300